税務意見書の書き方

税務調査に向けた法学ライティング

西中間 浩

NISHINAKAMA Hiroshi

弁護士

【著】

中央経済社

はじめに

　本書は，税務意見書の書き方，活用法について解説するものである。筆者が知る限り，意見書，とりわけ税務に分野を限定して解説しているような書籍はかなり限られている。その中でも，法的な思考法，法律文書のイロハについてまで述べているものは，おそらくないのではないだろうか。

　税務意見書は，税務に携わる担当者・士業の方々が税務の専門家として，納税者保護のため，また適正な課税を実現するためにも，是非とも活用していただきたいものである。しかしながら，未経験でいざ意見書を一から作成するとなると，なかなか書けないものである。そもそもどのような形式で書けばよいのか，一定のお作法があるのか，これを受け取る課税庁や裁判所にはどのような書き方をすれば効果的に納税者側の主張を伝えられ，誤解などを払拭することができるのか，全く見当もなく始めることは相当に困難な作業といってよい。

　たとえば税理士であれば，税務知識があったとしても，法律文書の作成はこれまであまり経験したことがない方が多いのではないだろうか。また，法律文書の作成にたけている弁護士であっても，税法が関わる場合の勘どころはどのあたりにあるのか，あまり経験したことのない方が多数ではないだろうか。本書は，そのような方々に向けて，税務において，法律的な思考をもって，意見書を作成するコツを一から解説するものである。

　本書は，筆者がこれまで11年間にわたり携わってきた税法実務における経験と知識，6年間にわたり担当させていただいた青山学院大学法学部における法律文書作成に関する講義「法学ライティング」の内容や学生とのやりとりの中で培った経験に，その基礎をおいている。意見書のイメージをお伝えするために，できるだけ多くのサンプルを提示し，意見書を作成

する上での思考の流れも見えやすくするように心がけた。

　一人でも多くの税務に携わる実務担当者，税理士，弁護士などの士業の方々，税務にこれから携わらんとする方々に手にとっていただき，役立てていただけると幸いである。

2023年6月

西中間 浩

目　次

※　税務意見書

　本書では，税理士の作成する意見書，弁護士の作成する意見書等，税務に関する意見書全般を指して「税務意見書」ということとする。

一

税務意見書とは

1 税理士が法律文書を作成する意義

　税理士は，会計処理と税務申告，税務相談と税務コンサルティングが主な業務であって，課税当局と対決する姿勢を示すような法律文書である税務意見書の作成は，弁護士や学者などが行うものといったイメージが強いかもしれない。しかしながら，税理士は納税者に最も近い位置にあり，課税当局側の疑問を払拭し，争点化そのものを防ぐ役割を担うに最適な立場にあるといえる。

　その税理士が税務意見書を通じて，課税当局の誤解を解く，問題とされている取引の背景や趣旨・目的，納税者の業界の特殊な商慣行や経済環境・状況を説明する，あるいは納税者の行った会計税務処理の理由，その根拠を納税者の代わりに論理的に主張することができれば，弁護士とはまた別の形でその後の紛争の防止に大きく貢献することができる。納税者からの期待に応えるべく，是非積極的に税務意見書を作成する業務も税務調査対応業務の中の選択肢の一つに加えていただきたい。

　実際に税務意見書を作成する際には，できるだけ効果的な意見書となるようにするため，普段から税理士が法律文書である税務意見書作成のイロハを学んでおく意義は大きい。このようなノウハウは税務意見書作成だけでなく，事前照会，書面添付制度等で文書を作成する際にも活きてくるはずである。

2 税理士が法律文書を作成する場面

　税務においては意見書がさまざまな場面で活用されている。

　税務意見書の作成主体は，納税者，税理士，公認会計士，弁護士，学者，立法担当者，不動産鑑定士などさまざまであり，内容も作成目的に応じて異なっている。

　これを取引の時系列に沿って見れば，たとえば次のように整理することができる。

(1) 取引検討段階 (プランニングの段階)

	作成者	提出先	作成目的	内　容
①	税理士 弁護士 外国法弁護士	納税者※	特定取引の税務リスクを分析する（経営判断資料として活用される※※）。	一定の前提事実のもとで，納税者の検討している取引を行った場合に，課税実務及び裁判実務においてどのように取り扱われる可能性があるかを法的に分析。
②	税理士 公認会計士 不動産鑑定士 等	納税者※	特定取引の公正な価額（税務上問題とならない価格レンジ）を算定する※※。	商品やサービス，土地や株式などの取引時価について，課税実務及び裁判実務上問題視されない方法で鑑定評価。

※　課税庁への事前照会の添付資料として，あるいは税務申告の際の書面添付制度で活用されることもある。また，取引後に課税当局に問題視され争訟に発展していった場合には，この段階の税務意見書が課税当局や裁判所等に提出されることもある。

※※　このような税務リスク分析を専門家に依頼した上で経営判断を行うことは，役

員等の経営上の責任（善管注意義務）を果たすことにも資することになる。②については，取引後，争訟に発展していった場合に作成が依頼され，裁判所等に納税者に有利な証拠として提出されることもある。なお，移転価格においては，国外関連取引の規模によっては，独立企業間価格の算定方法等につきローカルファイルの形で申告と同時に文書化し保存しておく義務を納税者は負っている。

(2) 税務調査段階

	作成者	提出先	作成目的	内　容
③	納税者 税理士 弁護士	課税当局	「争点整理表」で指摘された事項につき納税者の主張を書面化し，課税処分等に至ることを回避する。	争点についての納税者の事実主張，法令解釈の主張，証拠の追加提出等。課税庁側の見解に対する反論も行う。
④	納税者 税理士 弁護士	課税当局	税務調査の手続に問題があった場合に，その適法性について意見を述べ，行きすぎた調査やずさんな調査をけん制する。	問題のある税務調査手続について法令や裁判実務に照らして違法であることを述べ，ただちにこれを改めるよう要請する。

(3) 審査請求・訴訟段階

	作成者	提出先	作成目的	内　容
⑤	学者 立法担当者 　　　等	審判所 裁判所	争点となっている法令解釈等につき作成者の見解を記載してもらい，納税者に有利な証拠として提出する。	納税者の法令解釈等の主張と同じ見解，あるいはそれに近い見解をその根拠とともに記載。国側の主張する法令解釈等の誤りも指摘する。

3　税務調査段階における意見書作成の意義

　このように税理士が税務意見書を作成する場面は多岐にわたるが，以下では，上記2(2)③税務調査段階で税理士が特定の争点について意見書（ポジションペーパー）を作成する場面に限定して述べることとする。

　税務調査段階での税務意見書の作成と提出は，法律上求められているもの，権利として認められているものではないが，提出を受けた課税庁としては，納税者の主張がまとめられている書面としてこれを受け入れ，調査の背後に控える当局の審理部門（調査審理課）・決裁部門と内容を共有する取扱いが実務上は行われている。

　納税者としては，調査官との口頭ベースでのやりとりでは誤解を生じかねない納税者側の説明や主張を書面で伝えることができ，また調査の背後に控える当局の審理部門・決裁部門にもこれを正確に伝えられるということで，当局との紛争化を防止する機能を持ちうる有用な書面となっている。

(1)　弁護士による意見書の作成

　税務意見書では，法令解釈，事実認定，法令への認定された事実のあてはめといった法的三段論法に沿った主張がなされることが多いため，普段からこの種の書面を作成している弁護士が税務意見書，あるいはそのドラフトを納税者のために作成すると効果が期待できることが多い。弁護士であれば，万が一訴訟にまで争いが発展していった場合でもこれを最後まで担当することができ，裁判での結果を予想して税務調査段階での適切な対応と引き際を助言できるというメリットもある。納税者としては紛争にならないことが一番なのであるから，最終的な紛争の舞台（裁判）の何たる

かを知り，そこでの結末がある程度予想できる弁護士が，これを未然に防止する役割を担うことは理にかなっている。

　また，弁護士が登場することで，課税処分を打てば納税者としては訴訟も辞さない覚悟であることを課税当局に示すことができ，課税当局の判断をより一層慎重なものとすることができるといった効果も期待できる。

　他方，弁護士が必要以上に闘う姿勢を示すことで，税務調査段階で和解的な事実認定で済みそうな状況を壊してしまい，かえって紛争を長期化させてしまう危険もある。そのため，弁護士が税務意見書を提出すべきか，内容はどのようなものとするか，状況判断には気を配る必要がある。

(2)　税理士による意見書の作成

　もっとも，一般的な弁護士は税法にそれほど詳しいわけではない。たしかに，税法の適用は前提として民法・会社法などの私法の解釈が必要であることが多いが，弁護士は税法特有の解釈問題や会計税務処理に日常的に触れているわけではない。また，プランニング段階から関与したケースを除き，弁護士が納税者の業界の慣行や取引内容を納税者からのヒアリングを通じて理解するには一定程度の時間を要することが多い。税法固有の解釈問題に普段から触れ，会計税務実務，納税者の取引内容をある程度すでに把握している税理士が，税務調査において納税者の主張を専門的見地から迅速に代弁することの意義は大きい。

　特に，納税者側の特定の税務処理につき課税当局側に疑問を持たれ「争点整理表」に記載されているものの，いまだ当局としても調査不十分で今後の方針についての判断に悩んでいる段階で，税理士が，問題とされている取引の背景や趣旨・目的，納税者の業界の特殊な商慣行や経済環境・状況をスピーディに説明する，あるいは納税者の行った会計税務処理の理由，

その根拠（法令・通達・Q&A・会計基準等）などを納税者の代わりに主張することができれば，紛争の防止に大きな効果が期待できる。火消しは早い段階ほどよい。

　また，税務申告を担う税理士であれば，問題になりそうな処理（特に譲渡所得や相続税などの単発の処理）については，あらかじめ書面添付制度を活用して，申告書を見ればどのようなことをしているのかがわかるようなものとすることで，争点化を未然に防止する方策をとることも可能である。調査をそもそも受けないことが最良の税務調査対策であろう。

　このように，税法・税務のスペシャリストであり納税者に最も近い位置にある税理士は，税務調査初期段階で課税当局側の疑問を払拭し，争点化そのものを防ぐ役割を担うに最適であるといえる。

二

税理士のための
法学ライティング

意見書作成の流れは，一般的には次のようなものとなる。

納税者からの意見書作成依頼

↓

意見書の作成目的の明確化

↓

事実のリサーチ （必ず証拠とセットで行う）

↓

法令のリサーチ （課税実務，裁判実務の調査を軸に行う）

↓

肝となるロジックの発見 （裁判実務に沿った，万人が納得するようなロジックを発見する）

↓

法的三段論法に沿った構成メモの作成 （スキのないロジックを，読み手にわかりやすい形で展開する構成を考える）

↓

意見書作成 （法律文書のお作法を意識する）

↓

意見書提出

　以下，それぞれの段階において意識すべきことや具体的なノウハウ等につき，述べていく。

1　税務意見書の作成目的の明確化

　税務意見書を作成する際に第一に行ってほしいのは，その作成目的，獲得目標（ゴール）を明確にすることである。獲得目標は，課税処分は法令に従ってなされるのであるから（合法性の原則，憲法84条），いわゆる法的三段論法を意識して，三段論法のどの部分（法令解釈，事実認定，事実評価によるあてはめのいずれか）で，何を根拠にして，どういった結論を導きたいか，というところまで具体化しておく必要がある。

(1)　法的三段論法

　法的三段論法とは，①法令の定める規範（○○という要件が満たされれば××という法的効果が発生する，といったような一定のルール）を明確にした上で（条文引用あるいは条文解釈など），②証拠から事実認定を行い，③①の要件に②の事実をあてはめてこれを満たすと評価できるか，といった順番に，ステージを分けて法令の定める法的効果の発生の有無を判断する思考様式のことをいう。なぜ三段に分ける必要があるのかというと，このやり方が最も法の適用においてミスが生じにくいやり方であると，論理的にも経験的にもいうことができるからである。およそ法的な判断はこのような論法によって導かれており，裁判の判決文の理由もこのような構成に従って論じられている。また，税務においては，課税要件事実論といった形で同様の思考方式のもと，実務が運用されている。

　税務意見書を作成する際にも，上記①〜③のどの部分で，どのような証拠，論拠に基づき，どのような結論が妥当であると主張するのか，その獲得目標をまず明確にしなければならない。

【法的三段論法】

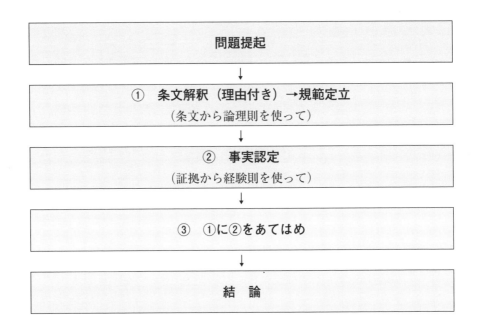

(2) 証拠に基づく事実主張

　獲得目標を明確にする上で，注意していただきたいポイントがいくつか
ある。

　まずは，②事実認定について税務意見書を作成する場合，証拠のない事
実をただ主張するだけでは意味をなさないということである。それは，そ
のような事実が，納税者が見聞きして実際に体験した真実に基づくもので
あったとしても，である。客観的な証拠は残っていないものの，そのよう
な事実を体験している者がいる場合には，当該事実を体験した者の陳述書
を別途作成して証拠として提出する必要がある。

　なお，納税者側が提出した証拠は，後々の裁判等において納税者に不利

な証拠として引用されてしまうこともありうることには注意が必要である。提出する証拠は都合のよい一部だけ取り出して考えるのではなく，前後関係を含めその全体を眺めた上でその証拠価値を見定めなければならない。

⑶　課税実務に沿った法令解釈

　また，税務調査段階においては，①の法令解釈につき，通達と異なる法令解釈や裁判例等に基づかない独自の主張を行うことも，ほとんど意味をなさない。通達は課税庁が全国統一で従うべき法令解釈で，仮に個々の担当者がもはや実情に合わないと思っていたとしても従わなければならないものである。これと異なる法令解釈を主張したいのであれば，訴訟段階から本格的にこれを主張し，場合によっては第三者である学者などの有識者の意見書の提出を検討すべきであろう。

2 入念なリサーチ

　税務意見書の目指すべき獲得目標が定まったら，続いてその論拠となるべき，事実のリサーチ，納税者からの聞き取りやそれを裏付ける証拠の収集が必要となる。法令解釈やその適用範囲を争うのであれば，法令と判例のリサーチを行うことになる。

　リサーチがどの精度でできているかで税務意見書の価値が決まるといってもよく，税務意見書作成においては重要な位置を占める。特に，実務家として税務意見書作成を請け負った場合，依頼者からはリサーチの時間を勘案して報酬をいただくことが通常であろうから，結果的に仕事として成立するレベル，すなわち依頼者にとって有用な情報が詰まっているといえるレベルにまで精度を高める必要がある。

(1) 書き手自身によるリサーチ

　この種のリサーチは，原則として税務意見書を作成する者が自分で汗をかいて行った方がよい。リサーチをしながら，次に何が必要か，どのような記載が可能か，思考をめぐらせ熟成できる時間をつくることができるからである。分担調査だとアイデアや戦略が出てきづらい。自分で調査をしてアイデアと戦略を出すという発想で取り組むべきだろう。

　リサーチ中にアイデアが湧いてくることも多いため，それをメモする習慣を身につけたい。メモは手帳やメモ用紙などにボールペンで記載することをお勧めする。濃淡をつけることや図式化することが容易で，視覚的な工夫が可能だからである。そのようなことが可能なタブレット等を活用するのも手である。これらが手元にない場合には携帯電話のメモ機能を使用

してもよい。

　これらのリサーチの結果として表れる情報自体が，税務意見書の価値を決定付けることも多く，税務意見書作成においては，いかに汗をかいてリサーチを行ったか，そこからいかに頭を働かせて精緻なロジックを構築できたかが，表現力・描写力といった文章力そのものよりも重要となる。

　リサーチ結果は，主要なポイントを手持ちのメモとして整理しておくとよい。そうすることで，次のリサーチの方向性が見えやすくなるとともに，リサーチ結果の汎用性を高めることができる。

⑵　事実のリサーチ

　昨今，弁護士や検察官を主人公としたドラマがテレビ等で定期的に放送・配信されているが，そのいずれにおいても勝敗は難しい法解釈論ではなく，重要な事実の発見や証明によって決せられるものがほとんどであることにお気づきだろうか。税務に関する争いについては，他の通常の法律実務に比べ，法解釈の争いであることが多いとはいえ，それでもそのほとんどが，実は事実をめぐっての争いであることが実情である。

ア　事実のリサーチ方法

　事実のリサーチは，まずは依頼者，関係者から業界の慣習を含めて話を聞くことから始まる。聞き上手であることが優秀な弁護士・税理士の第一条件である。ただ話を聞くだけではなく，論点のあたりをつけて重要な事実に絞って精度を高めてヒアリングできるかがカギとなる。その際，必ず証拠の有無を確認する癖をつけてほしい。まずは，問題となっている取引に関する契約書や基本的な財務情報，申告内容などの資料を依頼者や関係者から提出してもらうことになろう。これに加えて，不動産登記簿などの

法務局関連の情報やインターネットで公表されている公的情報（上場株式終値・路線価など）を必要に応じて自ら収集することになる。これらの物的証拠がなく，特定の事実を証明するためには関係者の記憶に頼らざるを得ない場合には，第三者でこれを証言してくれるものがいないかを探すことになる。足りない証拠や，あるべきなのに存在しない書類を察知する能力が求められる。

　依頼者の話と一見矛盾していると思われる証拠が出てきたら，率直にその理由を質問し，嘘をついていると決めつけないことである。必ず理由があるし，記憶違いのこともある。また，どうして問題が生じたのか，そのきっかけは何なのか，依頼者はどうして課税庁の対応や処分がひどい，正義に反すると思っているのかを探り，それを法律の言葉で表現するように知恵を絞る必要がある。こちらに正義がないのに裁判で勝てるとすれば，消滅時効と訴訟要件の論点ぐらいであることを肝に銘じよう。

　リサーチする事実の対象は，課税要件事実に関連する事実，税務調査や課税処分の手続が問題となっている場合には手続に関連する事実に最終的には焦点が絞られることになる。リサーチを通じて，依頼者側の主張が通るために必要な事実と証拠を検討し，依頼者側のストーリーにとって有利な間接事実と不利な間接事実，処分証書等の確実な証拠を洗い出すことになる。同時に，当局側が持っている情報や証拠，立場，目的から当局側が主張してくるストーリーを見極め，それに反する事実や証拠も探索することになる。

　また，依頼者の話を理解するために必要な専門的な知識については，躊躇なく素人として依頼者に質問するとともに，自ら勉強し理解に努めることである。知ったかぶりはよくない。大きな書店や図書館で全般的に見渡すと新しい視点が見つかることもある。

イ　時系列表の作成

　事実のリサーチを行う際には，時系列表を作成することをお勧めしたい。その際，証拠のない，あるいは弱いあやふやな事実まで記入するのではなく，確実に立証できる見込みのある事実と，当局側と争いのない客観的な事実だけを記入してほしい。これらの事実は，裁判実務では「動かしがたい事実」といわれ，最終的に裁判所が事実認定を行う際にも出発点となる事実となる。これらの「動かしがたい事実」の時系列表を作成することで，不自然な事実の経過や不明点が見えてくる。そこでこれらの経過を説明できる事実や不明点を解明できる事実を，次の事実のリサーチ対象として依頼者や関係者にヒアリングを行うことになる。

　それでも，実際の紛争においては，すべての疑問点を解消できる事実が証拠をもって明らかになることはほとんどないといってよい。疑問点がないのであればそもそも紛争になることもなく，どちらかが誤解していたといった結末を迎えて終了となるものであろう。そこで，紛争事例においては，最終的には，納税者や関係者の記憶に従った事実主張や陳述書の提出によって，「動かしがたい事実」のみでは判明しない前後の事実経過，趣旨，理由，経緯などをストーリーとして当局や裁判所に示し，課税庁側の主張と比較してどちらが「動かしがたい事実」と整合的で，信ぴょう性の高いストーリーであるかを判断してもらうことになる。そのため，このような判断を納税者側にもたらすためにも，まずは「動かしがたい事実」を確定させ，納税者側に有利な「動かしがたい事実」の範囲をできるだけ広げる作業が重要となる。

　なお，「動かしがたい事実」には，確実に立証できる見込みのある事実と当局側と争いのない客観的な事実の２種類がありうるが，前者については，次のような事実認定の裁判実務を知っていると有益である。すなわち，裁判実務では，次のような証拠があれば事実として認定されやすい。

① 処分証書

　証明の対象である法律上の行為が，まさにその書類によって直接なされるもの。たとえば，手形・遺言・解約通知書などがこれに当たる。これに記載された事実と異なる事実を認定するには，特段の事情が必要となる（最1小判昭和37年2月22日民集16巻2号350頁）。

② 処分証書と同等の強い証明力のある証拠

　法律行為がなされたことを直接証明するために作成されたもの。たとえば，当事者の署名・記名押印のある契約書・領収書などがこれに当たる。特に，組織内の意思決定手続や作成手順を経て会社が作成したものなどは，強い証明力があるとされる。

③ 信用力が高い証拠

　企業の通常の業務の過程で作成された書類，経営管理や情報開示の目的で，性質上，正確な記載が要請されるものなどが挙げられる。会計帳簿・伝票・納品書・業務日報・検査報告書などがこれに当たる。空欄を置かず詰めて時系列順に連続して記載されているものほど，偽造変造の余地が乏しくなることから証明力は高くなる。紛争後に作成したものの場合，証明力はかなり下がる。電子メールも，相互で行うものゆえ信用性は一般に高い。

ウ　事実主張の検討と追加リサーチ

　ある程度，事実関係のリサーチが進めば，どのような事実主張を行うかを具体的に決めることになる。1ページから2ページで要点をつくるとよい。その際，調査官や当局，審判官，裁判官にどのように考えてもらいたいかを意識してほしい。

　事実主張の内容が決まったのち，もう一度，収集した事実記録を検討すると使える事実がわかってくる。その後はその目的に沿った事実だけを集めることになる。その際，リサーチし証拠の有無を検討する事実は必ず法的議論（争点）と関係がある事実に限定し，提出先に対してその関係を説明できるようにしていただきたい。当局，審判官，裁判官が興味を惹かれる関連事実は何かを考えながら，追加の事実リサーチを行うことになる。

⑶　法令等のリサーチ

ア　法令のリサーチ方法

　法令のリサーチとしては，まずは事案ごとに関連する法律を調べることになる。

　関連しそうな法律にあたりをつけて，政令，省令，官庁のルールに至るまで調べてほしい。法律にあたりをつけたら，次は関連しそうな条文にあたりをつけてリサーチすることになる。あたりをつけるには，たとえば法律の目次を活用するとよい。関連しそうな法律が全く未知のものであった場合には，その一般的な感覚をつかむために，同法についての基本書を半日ほどかけて読み込むことも有益である。

　条文のあたりがつけば，必ず改正や問題となっている時点での施行状況も調べておかなければならない。目新しい法律や制度については，『改正税法のすべて』，税制調査会での議論，基本書等でその立法目的や趣旨の確認も行っておきたい。

　条文にあたりがついたら，次はどのような論点がそこにあるかを調べることになる。具体的には当該条文につき，基本書，コンメンタール，注釈，判例付きの条文集，通達の逐条解説，課税要件を調べればたいていの場合は十分である。論点がわかれば，次に当該論点についての判例・裁判例・

裁決例を調査することになる。これらは判例検索，判例評釈，調査官解説，論文，法律雑誌の特集等に目を通すことでほぼ網羅できる。判例・裁判例が特定できれば，要約文ではなく可能な限り原文に当たっておきたい。その方がかえってわかりやすく，理解する上では時間の短縮になったりする。すでに同じ論点で事件が係争中の場合には，裁判所に記録の閲覧に行き，審理の展開状況，証拠の提出状況などを調査することも有益である。法律文献については文献情報検索等で一番新しいものを探し出し，そこでの引用文献を活用するとリサーチを効率的に進めやすくなる。日頃から重要な基本書や法律雑誌，判例集のヘッドライン等をチェックしていると関連文献や判例等を見つけやすい。

　立法趣旨までリサーチする際には，まずは立法時の国会議事録や公官庁の公的見解などを調査するとよい。それでも不明確な場合は，情報公開請求によって関連する資料の公開を求めることも検討することになる。

　以上のリサーチにおいては，情報はできる限り，手元にいったん集め，その場であまり吟味しない方が効率的に運ぶことが多い。

イ　裁判実務が自己に有利な状況下にないとき

　ある程度リサーチが進んでくると，最高裁判所の判例まではないが，下級審の裁判例ではあまり納税者側に有利な裁判実務の状況下にないこと，あるいは何らの判断もこれまでなされたことがないことが，法令解釈上の争いが比較的多い税法実務においては往々にしてある。

　そのような場合，通達解釈や下級審の法令解釈とは異なる納税者に有利な法令解釈を導き出し，法律的な主張として組み立てていく必要があるが，全くのオリジナルの主張であると，過去の判例が重視される裁判制度のもとでこれが認められる可能性は低く，判決の理由中でよく見られるように，「独自の見解」として一蹴されることがほとんどであろう。そのような事

態に陥ることをできるだけ避けるためにも，自説を支持する法令等のリサーチは欠かせない作業となる。

　自説といっても，いきなりそれが存在することは稀であろう。まずは，これを発見し固めていく必要があるが，そのつくり方としては，たとえばこれまでの判例や法律に頼らず，自分が当該案件に勝たなければならない理由を説明するとしたら，何というかを書き出してみるとよい。その際，必ず一般常識に依拠したものとすることを心がけてほしい。なお，裁判官も，担当する事件のほとんどは，まず感情で直感的に結論を決め，その上でその結論に説得力を持たせるために理性を使って理由を書いているのではないかと思われる節がある。なお，自説を立てる際には，たとえば次のような方法論がありうるところである。

- 論理的検証
- 判例理論の検証
- 法制史など歴史的，制度的考察
- 比較法的考察
- 経済理論や産業経済史など他分野の理論や歴史からの考察
- 実態調査（国内外の判例調査，ヒアリング，統計，アンケートなど）

　その理由が決まったら，これを仮の自説として，これを支持する裁判例，裁決例，新しい理論，通説がないか，基本書や論点に関する文献等を手がかりにリサーチの続きを行うことになる。その結果，そのようなものが一切ないというのであれば，「独自の見解」にとどまる可能性が高く，自説を考え直されることを強くお勧めしたい。また，自説に固執するあまり，事実や法令のリサーチ結果を知らず知らずのうちに歪曲してしまうことがないとはいえず，そのようになることだけは避けるよう気をつけたい。

　なお，以上のような目新しい法律論が求められる場面は，実際の実務では滅多にないことも知っておいていただきたい。まずは古くからある法律論にのっかれる事実を発見する努力をすべきで，それがどうしても見つからない場合にはじめて目新しい法律論に基づく主張を検討するといった順序でリサーチは行ってほしい。

ウ　リサーチ結果のメモ化

　リサーチ結果については，随時，これを整理するメモを作成していきたい。メモは短くてポイントを得たものとすることで，一覧性・汎用性が高まる。そのためには一定程度，長文を要約する力が求められる。この種のメモはこれを読む側の立場に立って作成し，一読了解型のものとすることが基本となる。

　税務意見書の場合，一人で作成するのであれば，自分だけがわかるもので十分であるが，時間が経過するに従い，自分でつくったものであっても一読で了解できないことが多々ある。ある程度時間が経過しても理解できるもの，注意喚起しやすいものとしておきたい。複数人が関与する場合には，円滑な情報共有のためにも，他の関係者も理解しやすい形でメモを作成すべきである。そのためにも，たとえば次の点に留意したい。

- 自分にとって当たり前のことでも，簡単でよいので説明を入れる。
- 専門用語や基本概念の説明はあやふやなものとしない。
- 論点の明瞭化を心がけ論理の飛躍がないかを確認する。
- 重要判例がある場合には，その要約を示すとともに本件との事案の違いにも言及する。要約においては登場人物の基本情報も示す。
- 仮でよいので現状での結論について理由付きで簡単に触れる。仮でも結論が出せない場合には追加で調査が必要な事項を列挙しておく。

　この種のメモを作成するコツは，箇条書きでもよいのでとにかく手を動かして書き始める，あるいはタイピングすることである。そうすることで，メモの効率的な構成が見えてきやすくなるし，税務意見書の方向性，論理展開のアイデアも出てきやすくなるし，出てきたアイデアを文字に変換することでそれを忘れないで済むようになる。また，記された情報を視覚的にグルーピングすることで論理が見えてくることもある。この種のアイデアは，思いつくごとにその内容を更新していくとよい。

3 肝となるロジックの発見

(1) 税務意見書の価値はロジックで決まる

　入念なリサーチの後は，税務意見書の肝となる主張のロジックを定める必要がある。作成者が最も伝えたいことは何なのか，その主張を支える説得的なロジックはどういうものなのか，を定める作業である。最も主張したい内容を理由付きで1行〜3行程度でまとめる作業と考えると，イメージを持ちやすい。ロジックのない主張，つまりはそれが正当であることの理由が記載されていない主張は，感情論や結論のごり押し（嘆願）にしかすぎず，課税当局を説得することはおよそ期待できない。そのため，どのようなロジック，主張理由を意見書の核に据えるのかが，税務意見書作成の最も重要なポイントといってよい。

　最も有効で的確な主張とは，法的根拠がしっかりしており，論理的でシンプルなものである。また，基本的には，事実認定とあてはめの部分で処分を免れるのであれば，法律解釈論の主張まで行う必要はない。

(2) 税務意見書のロジックの発見方法

　このロジック（理由）は，問題となっている争点について作成者が持つ自然で素朴な感覚から生まれることもあるし，リサーチを通じて思いつく，あるいは何となく感じていたものに近いものを判例や文献等の中に発見することもある。このロジック（理由）は，ただ何でもよいのでつくり上げればよいというものではなく，誰が聞いても，「なるほどそうだね」「それは正しい」といえるレベルまで精度を上げていかなければ説得力を持たな

い。

　また，かなり難しい作業とはなるが，最終的には紛争を解決することが目的なのであるから，紛争の将来，落としどころを見据えたロジックを展開できると理想的である。法律文書である以上，結論に至る理由は丁寧に検討する必要がある。

(3)　変遷の回避

　当該意見書では主張が一貫していても，後日，不服申立てや訴訟等の提出書面でこれとは異なる主張を行うと，傍から見て説得力に欠ける。そのような変遷や自己矛盾ともとられかねない事態を避けるためにも，最初に意見を述べる際から，あらゆる角度で考えておく必要がある。いったん当局に提出した税務意見書は，後日，審判所や裁判所にこちらの主張の説得力を減殺する証拠として提出される可能性があることも想定しておくべきである。

　また，意見を述べる際には，当局側の主張，論理構成，持っている証拠をできるだけ正確に理解し把握しておかなければならない。そうでないと，当局の反論，証拠の提出後，意見を変えなければ立ち行かない事態に陥りかねない。当局側の主張等が不透明な場合は，直接伺いを立てる，不服申立てや訴訟手続に入っていれば，求釈明によりこれを明らかにしてもらう必要がある。また，自分が考えられる最大限のことを当局側も考えられるという前提で，その出方を予想してほしい。

　なお，当局側が明らかに不当な主張を行っている場合には，こちらが有利な証拠を持っていたとしてもすぐに提出しないで，これと矛盾する主張を当局側がしてくるようにあえて仕向けるといったことも戦略的には考えられるところである。

4 構成の重要性～構成メモの作成

(1) 骨組みの作成

　税務意見書作成の目的が定まり，それに関するリサーチを行い，税務意見書の肝となるロジックも定まれば，いよいよ税務意見書を作成することになるが，白紙の状態からいきなりこれを作成するのでは，わかりやすく論理展開する文章としてこれを表現することはなかなか難しい。

　そこで，文章を作成する前に，どのような構成で作成するのか，文章の設計図（骨組み）を作成することが有益である。特に，法的三段論法（課税要件事実論）をベースとする税務意見書の場合，各ステージを意識した論述を必要とするため，事前に構成を練り上げることは必須の作業で，税務意見書作成の肝ともいえる部分である。この種の設計図は，メモの形で手元に用意する，あるいはデータの下地として打ち込んでおくと便宜である。なお，当該メモは実際に税務意見書を作成するにあたっての下準備としてのメモであって，先に出てきたリサーチ結果をまとめたメモとは全く別のものである。

(2) 構成の練り方

　構成は，税務意見書で強調したい，主張したい部分が伝わるように，焦点を明確にして作成する必要がある。また，できる限り，誰がそれを読んでも正しいと思えるものに精度を上げて構築することが求められる。終始一貫し，ぶれないことが大切である。論旨を明快にするには，わかっていることだけを書くという姿勢も必要となる。最初から最後まで適切な順序

で議論を進めるためには，問題となる理由を具体的かつ的確に示すことが必須となる。理由としてどのようなものを挙げるのかについては必ず構成を練る段階で検討し，これを織り込んだ構成メモを作成してほしい。

　なお，説得力を上げるためには，主張の中の弱い部分にも言及した方がよい。書き手のバランス感覚を示せることに加え，大きな嘘をついていないことを示すために小さな短所があることを自白するといったことは有効な手段である場合が多い。ただし，感覚的には短所への言及は10％程度で十分である。

　当局側の主張に反論を加えるときは，リーズニング部分のすべてに反論する必要まではなく，最も弱い部分を叩くことで十分である。反論に際しては，まず当局側の主張を要約し，当局側の認識とずれていないことを示すことが大前提となる。

ア　項目分け

　構成は，章立て・項目分け（ナンバリング）によって作成することになる。ナンバリングしながら，キーワードを用いて論理展開を追えるような形でつくり上げていくと便宜である。

　法律文書のナンバリングは，次の順番で行うことが一般的である。

> Ⅰ（ローマ数字）又は第一
> 　1（算用数字）
> 　（1）（括弧付き数字）
> 　　ア（カタカナ）
> 　　（ア）（括弧付きカタカナ）

　ナンバリングは大きな枠組みから行うとよい。絶対に必要な最低限の基本的な項目をつくり，必要に応じてそれらを小さな項目に分けるとよい。小さく分けすぎるとかえって混乱するため気をつけたい。また，大きく分けすぎるのもバランスが悪く，少なくとも4ページごとには新しい項目がくるようにしてほしい。

　ナンバリングごとにタイトルや小見出しをつけるとロジックの展開がわかりやすくなり，読み手にとっても理解しやすい文章となる。構成段階ではタイトルや小見出しの正確性にそれほどこだわる必要はなく，論理展開が見えるものであれば十分である。一般的に，難解で複雑な内容は，細かく項目分けをすることでわかりやすくできる。複雑なことは同時に登場させず，順番に登場させることが鉄則である。また，手順を分けて説明した方が，全体をつなげて一度に説明するよりも記憶に残りやすい。

イ　分量分け

　構成を考える際には，各ブロックをどの程度の分量で書くかもイメージしながら行うとよい。たとえば，重要な部分で詳細に厚く論じたい部分はナンバリングを細かく設定し，各ブロックのスペースを多くとるといった工夫である。スペースを多くとることで視覚的にもここで多めに論じるということがわかりやすくなり，全体像を描きやすくなり，のちに実際に文章を作成する際にも，どの程度書くことを想定していたかが一目瞭然となり便宜である。

　たとえば，税務意見書のテーマについて五つの論点があった場合，すべての論点が等価値ということは稀であろう。これも感覚的なものであるが，たとえば最も重要な論点は全体の60％，2番目に重要な論点は全体の20％，残りの三つの論点で全体の20％を占めるようにするといった感じで濃淡をつけて作成したい。読み手が欲している情報は何かを考えながら，些細な

論点で読む側に時間を浪費させないようにしたい。また，結論に影響を与えない程度の論点は書かないといった勇気も必要である。

ウ　内容の整理

　構成を考えるにあたっては，まず内容を整理し，これに対応した構成とすると論理的でわかりやすいものにできる。事前の内容の整理は，たとえば次のような視点で行うとよい。

- 争点ごとの整理
- 要件ごとの整理
- 法令や判例の整理
- 事実関係の時系列での整理
- 争いのある事実とそうでない事実の区分
- 結論を分ける重要な事実とそうでない事実の区分
- 当局の主張をまとめた上での当方の主張
- 法的な主張たり得ない感情論の排除，あるいは「背景事情」としての記載

(3)　意見交換と構成の練り直し

　一通りの構成（税務意見書の設計図）を作成したら，是非この段階で共同作成者や関係者，信頼できる第三者から意見を求めることをお勧めしたい。その際，お互い揚げ足とりに終始すること，あるいは細かいことへのコメントはできるだけ避け，大きな部分で論理的に法的に見てどうなのかという議論をするように心がけたい。もちろん，税務意見書は最終的には名を連ねる作成者が自分の基準でこれを作成しなければならないが，他人からの意見を取り入れる柔軟性も持ち合わせるようにしたい。

　そもそも法律の適用運用は裁判官でも迷うことがあるような世界なのであるから，他人の言うことの方が正しいと思えるなら別に自分の考えを変えてもよいというぐらいの気持ちも持ち合わせておいた方が，よい結果につながることが多いであろう。

　意見交換を終えたら必ず構成を練り直す，あるいは問題がないことを確認する作業を行っていただきたい。意見交換直後であれば頭がそちらに傾いている状態なのであるから，それほど時間のかかる作業ではない。締め切りまでに余裕があるのであれば，少し時間を置いて再検討を行うと第三者性が増し，有効であることも多い。

⑷　法律文書特有の構成

　税務意見書の構成を考える際には，以下の法律文書特有の構成のパターンを知っていると便宜である。大きな枠組みの構成としては，これに従っていればまず間違いはない。

法律文書の典型的な構成
① 　争点（Issue）
② 　規則（Rule）
③ 　分析（Analysis）
④ 　結論（Conclusion）

　法的三段論法に則して言い換えると，次のようになる。

①　論点の提示

②　規範の定立

③　事実認定と規範へのあてはめ

④　結論

　意見書をはじめ，法律実務ではより主張内容をわかりやすくし，説得力を高めるために，④の結論部分を前出しすることもよく行われる。忙しい読み手が先に知りたがっている最も重要なことを前出しすることで，集中力と関心が高まっているうちにこれを示すことができるからである。また，前出しによって，最終的に伝えたいことにつきさまざまな可能性があることを考えながら読み続ける必要がなくなり，疲れさせないで済むという効果も期待できる。

　また，分量としてはできるだけ③の部分を膨らませ，具体的な事実を盛り込むようにし，仔細で論理的な論述になるように構成を工夫したい。

⑸　要約メモを作成する作業を通した訓練

　効果的な税務意見書の構成を作成するには，普段から実際の裁判例についてその文章構成がわかる形で要約メモを作成する訓練を行っておくとよい。裁判例の原文は法律文書の最もよいお手本であり，その記載ぶりが法律文書作成実務の指針になっているといってよいものである。その骨組みを探る作業を通して，裁判官の思考方法をより深く理解することもできる。

　最終的には，裁判例同様の法的三段論法の論証が税務意見書で展開できるようになることが目的なのであるから，要約メモの作成にあたっては，必ず裁判例の原文に当たっていただきたい。要約メモ作成の実例を「三　実践・税務意見書の書き方」に示すので，詳細はそちらをご参照いただきたい。

5 　論理的でわかりやすくする工夫

　構成が定まれば，あとは淡々と文章を作成することになるが，他人に読んでもらい影響を与えることを目的とした文章である以上，文章作成においては読みやすく，わかりやすいものとなるよう心がけたい。

(1) 　論理性を高める工夫

　読みやすく，わかりやすい文章にするには，何より論理性の高いものとする必要がある。論理的な文章の特徴としては，きちんと整理されている点，筋道が明快で矛盾がない点が挙げられる。論理的な文章とするには，接続詞等を適切に使用する，一文を短くし一文一意を心がける，引用を適切に行う，といった文章作成のイロハがまずもって重要である。

ア　接続詞
　接続詞は，論理の方向を示すベクトルであり，論理的な法律文書を作成する上では欠かせない要素の一つである。もっとも，文章自体が論理的につながっていれば接続詞は不要であり，つけないで済むのであれば，あえて多用する必要はない。
　接続詞の使用パターンとしては，たとえば次のようなものがある。

---

　① 　「確かに（この点）」→「しかし（もっとも）」→「したがって」
　② 　「まず」→「次に」→「さらに」

　特に①については，判決文でも頻繁に見かける接続詞の組み合わせのパターンとなっている。いったんは当局側の主張を「確かに」と汲み，あるいは自分の主張の弱い点を指摘した上で，それを上回る説得的な部分を強調し，バランス感覚を示しながら結論を導くものである。ほとんどの法律主張にマッチした組み合わせといえよう。論理の組み立てに悩んだときは，とりあえず①のパターンに落とし込んでみるとうまくいくことが多い。

　また，逆接の接続詞を続けて用いることは構造を複雑にしてしまうためできれば避けたいが，続けたいときには，たとえば最初に「しかし」を用いた場合には，次は「もっとも」「ところが」を使うなど，同じ接続詞は用いずに違うものを用いたい。初歩的なところであるが，意外と同じものを使ってしまっていることに後で気づくことは多いものである。

イ　副　詞

　法律文書の特徴として，同じ内容を繰り返すときには，それがすでに言及済みであることを示すために，「上述（上記）のとおり」「前述（前記）のとおり」「右のとおり」といった副詞を使う点が挙げられる。読み手の負担を軽減するために，言及箇所が離れている場合には，該当するページや章まで摘示するとよい。

> **例**　「前述のとおりである（○頁ないし○頁）。」
> 　　　「上述のとおりである（第１.２「××」参照）。」

　また，法律文書では，「思うに（けだし）」といった副詞が文頭に用いられることも多い。話し言葉ではおよそ使わない言葉であるが，論点を明示し，理由を述べて結論を導くシンプルな構成をとるときに，これから示す

内容が主張の理由部分であることを明示できるため，法律文書では便利な副詞である。使用することに抵抗がないのであれば，論理構成を明示するために活用したい副詞の一つである。

ウ　法的三段論法

上記1(1)で述べたとおり，法律の適用は法的三段論法に基づいて行われることから，これに則した文章構造にすることが，論理的な文章とするための最低限の要請といえる。具体的には，法令解釈（規範定立）の箇所と，事実認定の箇所，あてはめの箇所を明確に区別して記載することが求められる。

その際，規範定立部分が複数の要素から構成されるような場合には，その要素をナンバリングすると，あてはめの部分との対応関係が明確になり，論理性を高めることができる。複数の要素の総合判断で結論を導くことは税法解釈においても多く見られることから，推奨したい方法である。

> **例**　○○法○条の趣旨に反しないかは，①〜，②〜，③〜などを総合的に勘案して判断されるべきである（最判平成○年○月○日民集○巻○号○頁参照）。本件は，①〜，②〜，③〜。したがって〜。

あてはめをする際には，認定されうる事実の中から重要なものを引用し，その事実について自分の言葉で評価を加える作業を必ず行ってほしい。事実を引用して，「よって①を満たす」だけでは不十分である。なお，事実の評価は意見であり，事実そのものではないので，必ず事実とは区別して記載していただきたい。

エ　結論に直結する適切な問題提起

　税務意見書は，問い（争点）に対する答え（結論）の形でその内容が構成される。論理性を高めるためには，結論に至るまでの過程が論理的であることが求められることに加えて，争点の設定自体が求める結論に直結する適切なものでなければならない。適切な争点を設定するためには，法律の適用が問題となっているのであるから，まずもってどの条文（政令・規則も含む。）のどの文言の解釈の問題なのかを，条数・項数を正確に摘示することで示す必要がある。条文がない場合には，明文はないといった指摘になる。

　また，どのように争点を設定すればこちらの求める結論となるのか，これから展開しようとしている法律解釈で確かにそのような結論を導くことができるのか，そのような法律解釈では派生的に不都合を生じさせるのではないかといったことを事前に検討し加味しながら，争点は設定していかなければならない。争点の設定においては，必ず，なぜ引用した条文や指摘した条文解釈が問題となるのか，その理由も明記してほしい。

オ　説得力のある理由の明示

　論理性の高い文章とするためには，一定の結論を導くにあたっての説得力のある理由をいくつか示すことが求められる。そのためには，最終的な判断権者である当局担当者や裁判官の立場に立ってこれを考える必要がある。すなわち，内部で決裁をとるための理由，判決文に書く理由として恥ずかしくないレベルのものを示す努力が求められる。これらの理由付けを使うかどうかは担当者や裁判官次第ではあるが，提出するこちら側として最終的な判断権者が料理しやすい素材を提供しているという感覚で，これに臨む必要がある。また，法律への事実のあてはめの問題なのであるから，裸の価値判断ではおよそ説得力がなく，必ず法的根拠まで示すべきである。

(ア) 先例との関係

　判断権者を説得するためには，まずもって先例との関係を示さなければ
ならない。具体的には，判例があればこれを摘示することになる。最高裁
判所の判決がある場合には，実務では法令に準じた取扱いとなっているこ
とからその摘示は必須である。その際は，出典を明記し，重要な箇所を引
用するといった工夫が求められる。また，設定した論点との関係で，裁判
例が数多く存在しているのであれば，関連する判例・裁判例を整理してお
くと説得力が増す。

　最高裁判所の判例との関係を検討する際に，最高裁判所の調査官解説は
非常に参考になるが，稀に最高裁判事から勇み足の記述と指摘されること
もあることから，すべての記載にのりかかることは危険である。また，主
論（主文を導き出すのに直接に必要な部分）は先例拘束性があるが，傍論
（なお書きで始まるような説示）は先例拘束性がないことから注意が必要
である。法廷意見として採用されなかった補足意見や意見も先例拘束性が
ない。高等裁判所や地方裁判所といった下級審の判決についても同様であ
る。これらで示された法令解釈は論拠とすることはできても，それが目の
前の事案で採用されるとは限らない前提で論証する必要がある。

(イ) 学説の整理

　先例がない場合には，設定した争点について先行して考察を行っている
学説を整理するとよい。特に税法においては，先例がないことはよく見ら
れるところである。だからといって，全くの新しい説を立法趣旨などから
自ら考案しても，当局や裁判所がこれに賛同する可能性はかなり低いと
いってよい。判決文でよく見られるように，考え方としてはありうるもの
であっても「独自の見解」として退けられることがほとんどであろう。税
務訴訟では，弁護士の迫力のあるよく調べられた書面に触発され，裁判官

が法創造を行うことが比較的多く見られるが，訴訟全体から見れば極めて稀なことである。「独自の見解」として退けられることをできるだけ避けるためには，せめて最新の学説でこれを支持するものがないか探すべきである。特に多数説，通説といわれるものであれば，簡単には「独自の見解」として切り捨てにくくなる。

　なお，学説でもいまだほとんど検討されていない全くの新しい論点であれば，本件で主張しようと考えている説と近い考え方を抱いている学者の先生に，自らの税務意見書の添付資料として別途鑑定意見書を作成してもらうことも有用である。立場上個別の事案にコメントしにくい場合には，抽象化した法律解釈論に関する意見書の作成を依頼することになる。その場合には，作成者を紹介する文書，その専門や肩書，経歴等をまとめた文書と，作成していただいた意見書の中身を概説する要約文書を作成し，自らが作成した意見書の提出時に添付するとよい。添付資料として学者の先生の意見書を活用する際には，自ら作成する税務意見書において，当該先生の意見書と本件事案との関係を明示してほしい。

(ウ)　理由それ自体の説得力

　加えて，たとえば以下のように論理展開自体の説得力を向上させる工夫も有益である。

---

①　複数の観点からの論証を行う
　　たとえば，形式面と実質面，客観面と主観面の両面から論証する。
②　原則と例外を区別して論じる
③　必要性と許容性の論証を行う
④　不都合性を強調する
　　たとえば，課税庁側の主張では，原理原則，常識的感覚（社会通念），

国民感情から乖離すること，不公正が生じること，致命的な欠陥（矛盾や問題点）があることなどを示す。

⑤　統計データを示す

一般的に信用のある機関のデータを引用し，引用は恣意的な一部引用ではなく，全体を引用することを心がける。

論理展開自体の説得力を向上させるには，以上の視点等から検討を加え，徹底して考え抜き，磨き続けるしかない。また，この種の理由付けはきちんと言葉にすることが大切である。「～は明らかである。」とか「～はいうまでもない。」といった表現が論証で見られることがあるが，法律に携わる者としては絶対に避けたい。自分の頭の中では当たり前のことであっても，言葉にしなければそれは理由の省略にすぎず，説得力を一般的に持たせることはできない。こういった省略表現，断定口調は頭の回転が速い人によく見られる傾向であるが，当然と感じたことであっても，簡単でよいので必ず具体的な理由を付すことを習慣化させたい。

㈡　仮定的な主張

当局側の主張の一部が正しいことを前提とした反論も可能な場合，「仮に～であったとしても」といった仮定的な主張を行うべきか判断に迷うことがよくある。基本的には，仮定的な主張は明快さの点で劣り，力強さも失わせるため避けておいた方が無難であろう。行うにしても主要な論点でないときに限った方がよい。

㈤　反　　論

当局側の主張に反論を行うときは，必ずこちら側の主張とセットで行いたい。当局側の主張を完全に論駁してもスタート地点に戻るにすぎない。

　また，反論は，当局側の主張のすべてに行う必要はなく，主要なものに行うことで十分である。どの部分がどのように誤りなのかを具体的に反論することが重要である。当局側の主張のどこがおかしいのかを，2行〜3行の文章で表現しておき，それを反論のどこかにはめ込む形で行うとよい。

　反論の際には，まず当局側の主張をまとめて，理解に大きな齟齬がないことを示す必要がある。

反論の場合の構成パターン例
　第1　争点1について
　　1　当局の主張
　　　争点1について，当局は次のように主張する（「文書名」○頁−○頁）。
　　　「引用」
　　2　当局の主張の誤り
　　　しかしながら，当局の主張は誤りである。なぜならば〜

　また，当局やその担当者をけなすような攻撃的な反論は厳に慎みたい。税務調査や不服申立て・訴訟手続は，人格の衝突ではなく主張の衝突である。当局をけなすことで自分自身の品位を落としてしまう。

　例　「当局は判例を誤って引用している。」
　　→「当局の引用する判例は，本件にはあてはまらない。」

---

(2)　わかりやすくする工夫

　複雑な事案や，複雑な論理展開は，読み手にとってはよくわからないも

ので終わってしまうことになりかねない。そのため，複雑なものをよりわかりやすく記載し，要するにこういうことかと思わせることは非常に重要である。人はすっきりと本質が見えると，さらに突っ込んで読んでみよう，検討してみようと思うものである。

　わかりやすくする，読みやすくする工夫としては，以下のようなものがある。

ア　主張を明確にする

　主張が明確な文章はわかりやすい。具体的には，終始一貫しており，ぶれない，自己矛盾がない文章である。主張は明確にし，含みを持たせないことが重要である。これに関して失敗するパターンとしては，たとえば次のようなものがある。

- 論点が多い中で依頼者の利益になる主張をすべて採用し，全体として一貫性のない（いわゆる「いいとこどり」）の主張となってしまっている。
- 主張内容を磨き上げていなかったために，主張がぶれていき，トーンが変わってしまっている。
- 複数の人間の合作であるため，主張に矛盾が生じてしまっている。

　キーワードを活用し，結局はこの点が問題なのですね，と思わせることが求められ，場合によっては重要でない部分はそぎ落とす勇気も必要となってくる。

イ　構成を十分に練る
(ア)　タイトル・小見出し

　章立て，項目分け（ナンバリング）がよくできている文章は構造が見え

やすく，読みやすい。ナンバリングにはタイトル，小見出しをつけると，読む側にあたりをつけさせることができ，文章をわかりやすいものとすることができる。

　タイトルは，それを読むだけで瞬時に情報を伝えられ，内容が頭に浮かぶものとすることが理想である。その項目の要点を簡潔に述べたものをつけることになる。略語やキーワードでも構わない。あまりに長いものは適さないため，簡略化しつつも要旨を伝えられる要約の技術が求められる。また，内容と重複しても構わない。正確に描写し，副詞や形容詞は最小限にとどめてほしい。

㈡　目　　次

　長い文章になってしまった場合には，冒頭で章立てに沿った目次をつけると全体の筋道を最初に示すことができ，読み手の理解を助ける。目次は，確認作業を容易にするなど，読み手にとっても便宜であるし，これがあることで安心して読み進めることができる。長い文章においてはこれを付すのがマナーであろう。

㈢　改　　行

　構成をわかりやすくするためには，改行を適切に行い，必ず最初の１マスを空けて，視覚的に新しい段落であることを示し，意味のまとまりを読み手に示せるようにしたい。初歩的なことであるが，きちんとなされているかの確認作業を励行したい。目安として１段落10行ぐらいで１ページに３段落～４段落だとバランスがよくなるだろう。

㈣　短い要旨（まとめ）

　特に長い書面においては，争点ごとに「小括」としてまとめの記載を行

うと，主張の理解を助け，文章をわかりやすいものとすることができる。まとめの記載においては，簡単に重要な部分を念押しする程度で十分である。特に税務意見書は難解で複雑な内容のものになることが多く，読み手は読んだばかりのことを忘れがちである。読み手としては自分の理解が正しいかを確認したいものであるから，まとめの記載は必ず設けてほしい。

ウ　一文を短くする

　一文はできるだけ短くし，一つの意味だけを与える，一文一意が原則となる。そのように一文の構造を単純なものにすることで複雑な内容も理解しやすくなり，論理の展開も追いやすくなる。パソコンで文章を作成する際には，思考が途切れないように，最初の打ち込みは一文が長いものであってもよいが，推敲のときに短くする工夫を行ってほしい。

　また，メリハリを持たせ，細かい議論は脚注などに落とすことでリズムが生まれ，文章の流れがよくなる。リズムをつくるために漢字と平仮名のバランスもとるようにしたい。

エ　ボリュームを適切なものとする

　全体のボリュームもできるだけ短くした方がよい。たとえば，2ページで書ける内容をわざわざ40ページ程度にしないことである。読み手に読み飛ばさせるような文章を書かないことが鉄則である。

オ　明快な表現を心がける

　法律文書の表現は明快なものが望ましい。婉曲表現，いわばかっこいい表現が有利に働くことはほとんどない。かえって，真実を隠そうとしているのではないかと疑われかねない。

例　違法な恣意的生命の剥奪　→　殺人

また，重複表現も避けたい。

例　午前12時の正午　→　正午

㈠ 用　　語

　専門用語はできるだけ使わず，現在使われている平易な普通の言葉を使用したい。もっとも，専門用語を使うべき場合もあり，その際には正確に使用することが求められる。たとえば，業界用語については，業界人でない者が一読でイメージできるようにその意味を説明するように心がけたい。法律用語についても，当局や裁判官であってもすべての法律に精通しているわけではないのであるから，使用頻度の少ないものや難解なものなどはその意味を説明した上で正確に使用したい。過度な省略も疑義や誤解を生じさせるため，避けたい。そのほか，多義的な用語を使わざるを得ない場合には，これをできるだけ一義的にできるよう，定義を設けるべきであろう。これらの専門用語が何を意味するかを調べる手間を惜しまず，使用する前に内容を理解する必要がある。

　また，同じ文章では用語を統一して用いることにも注意してほしい。たとえば，同じ会社を指す際に「Ａ」「Ａ社」「Ａホールディングス」「Ａホールディングス株式会社」を混在させるのではなく，いずれかに統一して用いるべきである。

(イ)　形容詞・副詞

　正確性を期すためには，曖昧な形容詞，表現を大げさにするだけの副詞の使用はできるだけ避けたい。誇張しすぎる表現，気取った表現は，自己中心的な人物との印象を与え，主張の輪郭もぼやけたものとしてしまう。

　例　寒い日であった　→　摂氏5度であった

　　　当局の主張は全く根拠を欠く　→　当局の主張は根拠を欠く

　もっとも，幅のある基準をあえて採用したいときには，曖昧な形容詞を使用しても構わない。

　例　十分な証拠，正当な理由，合理的な行動

(ウ)　能 動 態

　また，主語を明確にするために，動詞は原則として能動態を用いる。受動態では主語を文脈から推察させる作業を読み手に負わせることになってしまうことに加え，一般的には訴える力，インパクトを弱めてしまう。受動態は，主語を明確にしたくない，インパクトを弱めたいときに限定して用いるようにしたい。たとえば，因果関係や責任の所在が問題となっている場合などがこれに当たる。

(エ)　遠慮は不要

　法律文書で断定口調は躊躇されることから「（私には）〜のように思える」「（私には）〜のように見える」「（私は）〜と考える」「〜を示唆して

いる」といった遠慮がちな表現が見られることがある。しかし，税務意見書自体が作成者の主張文書であり，考えであることはわかり切っていることであるため，あえてここで遠慮する必要はなく，通常は「である」「べきである」「解される」と言い切って構わない。遠慮するとかえって自信のなさを示すことになり，訴える力も弱くなってしまう。

カ　主語と述語を対応させる

　法律文書に限らないが，作成に集中していると，主語と述語が対応していない文書になりがちであるため，常に気をつけたい。推敲する際には必ず対応しているかの確認が欠かせない。一文を短くすると対応させやすくなるため，このこととの関係でも一文を短くすることを励行したい。

キ　公用文を参考にする

　税務意見書は公用文ではないため，公用文のルールに完全に従う必要まではないが，書き方に迷った際には参考になる。公用文のルールがどうなっているかについては，インターネットや書籍で調べることができる。公用文では原則「である」体の口語体で，本書と同じく，一文をなるべく短くすること，簡潔で論理的な文章とすること，簡潔な表題をつけること，箇条書きを活用して理解しやすくすることなどが励行されている。

㈦　読　点

　本書では，読点として法曹関係者がよく使う「，」（コンマ）を用いているが，横書きの読点については文化庁の文化審議会で「、」（テン）に変更されており，公用文としては「、」（テン）が正しい使い方になる。なお，読点は，意味の切れ目，呼吸の切れ目に付するものとされているが，法律文書では主語を明確にするため，主語の後に読点を打つことがよく行われ

る。

例 「告知義務は，〜法律が課した義務である。」

また，複数の形容句などがある場合，構造をわかりやすくするために読点を用いることもある。

例 「もう一人は，女優の〜の元夫で，会社を経営している。」

㈠ 括　　弧

括弧は次のように用いられるのが一般的である。

---

① 「　」（一重カギ括弧）

　引用するとき，強調したいとき，いわゆる，の意味で用いるとき，引用論文の標題表記などで用いられる。なお，引用文中に「　」がある場合は『　』（二重カギ括弧）に変換する。

例 「所得税法161条１項は，恒久的施設帰属所得のような純所得概念（純額ベース）で捉えられるものと，利子，配当のような収入金概念（総額ベース）で捉えられるものを，ともに『国内源泉所得』として総称しているところ，……」

---

② 『　』（二重カギ括弧）

　上述のとおり，引用文中の「　」の変換に用いられる。引用する単行本の標題表記もこれである。

③ （　）（丸括弧）

　直前の語句，節，文を解説するのに用いられる。関係文・間接話法的な使用がなされることもある。多用することや，長い（　）内表記，（……（　）……）の使用といった多重的な使用（入れ籠構造）は，法律の条文のようにその必要性がある場合を除きできるだけ避けたい。

> **例**　株主等（その会社が自己の株式（投資信託及び投資法人に関する法律（昭和26年法律第198号）第2条第14項（定義）に規定する投資口を含む。以下同じ。）又は出資を有する場合のその会社を除く。）の3人以下……

(ウ)　「場合」と「とき」

　もともと「場合」は状況を限定する際，「とき」は時間を限定する際に用いられるものであったが，今日では「とき」を状況の限定で使用することもある。

　法律文書では，同一文章内で2回状況を限定する際には，「場合」（大概念の状況限定）→「とき」（小概念の状況限定）の順に用いるルールがある。

例 民法541条

　当事者の一方がその債務を履行しない場合において，相手方が相当の期間を定めてその履行の催告をし，その期間内に履行がないときは，相手方は，契約の解除をすることができる。ただし，その期間を経過した時における債務の不履行がその契約及び取引上の社会通念に照らして軽微であるときは，この限りでない。

※　なお，漢字の「時」は，時間を限定する際にのみ用いられる。

ク　具体的に記載する

　事実関係などの記載については，一定のストーリーを示すことが必要となるが，ストーリーが威力を発揮するためには，単純で筋が通ったものとすることと同時に，視覚的に情景が目に浮かぶようにすることが求められる。そのためには本質的でないものはそぎ落とし，記載はできるだけ具体的なものであることが望ましい。情報収集に時間を費やしたからといって必要以上にその情報を盛り込まないことである。読み手にとって重要な事実を盛り込むようにしたい。読み手側の突っ込みや疑問を想像しながら，これをフォローする合理的な説明を加え，あるいは事実を収集し情報提供すると，説得力を高めることができる。

　また，一般的な概念については，具体例でこれを置き換えると主張がより印象に残りやすくなる。

ケ　ビジュアル面を工夫する

　文書をわかりやすくするための工夫としては，重要なところに線を引く，見出しにゴシックを使うなど書式を変えて強調する，色を使う，余白・行間を広くとるといったビジュアル面の工夫が有効である。わかりやすい教科書を当局や裁判官に渡すつもりで作成するとよい。ただし，過剰な装飾

は目障りで虚飾の香りを出してしまうため，やりすぎには気をつけたい。

　また，文字では伝わりにくいもの，視覚に訴えた方が伝えやすいものについては，図，グラフ，年表，フローチャートなどを効果的に活用したい。たとえば，「地図」「相続関係図」などがこれに当たる。これらを用いる際には，正確なものとすること，見やすいものとすることを心がけてほしい。

コ　編集と校正

　いったん文書が作成できたら必ず編集と書き直しの時間を設けたい。一般的には紙の方が集中して読めるため，印刷した上で，赤字を入れる方法で行う方がよい。タイミングとしては書いた直後と，ある程度時間が経過した後に行うことをお勧めする。時間が空くとより客観的に見ることができる。編集の際には，言葉の選択が適切か，文章をもっと短くできないかといった視点で行うとよい。1ページを1段落に，1段落を一つの文章に，一つの句を一つの単語にできないかを検討し，余計な単語は削除するといった作業になる。

　校正では，誤植や条文・判例番号，引用内容のチェック等を行うことになる。ここに神経を使うことは美徳と考えるべきで，できていないと適当な人間と思われてしまう。細部を大事にすると本論にも迫力が出てくるため，怠らないように心がけたい。

サ　批評してもらう

　最後に，客観的な目を持った人に批評してもらうことをお勧めしたい。信頼できる友人・仲間でもよいし，報酬を払って他の専門家に見てもらうのでもよい。

　なお，自らが他人の文章の編集や批評を頼まれた場合には，以下の点に注意していただきたい。

① 困惑するアドバイスを行わない

> **例** 「もっと論理的に書いた方がよい」と言いつつ，具体例を示さない。

② 矛盾したアドバイスを行わない
　何の参考にもならないばかりか，相手方を嫌な気持ちにさせてしまう。

③ 礼儀を忘れない
　文章作成はそもそも主観的なプロセスで好みの問題もある。いわゆる上から目線の助言は避け，伝え方にも気をつけたい。

> **例** 「かなり良くなる」 → 「少し良くなる」
> **例** 命令口調 → 「こうすると良いと思う」

④ 自分だったらどう書くかの例を一つか二つ示す
　考えがあって表現が見つからない他人に対して，抽象的な丸投げをしないことである。

⑤ 書き手のスタイルを尊重する
　自分が書いた文章と同じように修正することが目的ではないため，まずは書き手が何を書こうとしているか理解に努めるべきである。その上で，文章全体あるいは構成，動詞の選択等についてのアドバイスを行い，余分な言葉や専門用語の有無の確認を行うことになる。

6 ｜ 税務意見書の基本

　税務意見書は，一定の論点について詳細な分析を行う，あるいは一定の見解について慎重に吟味するものである。経営上の意思決定に使用する目的，あるいは国税当局や審判所，裁判所に提出し納税者の意見が正しいことを説得する目的で作成させる。以下では税務意見書の基本的な特徴，注意点について述べる。

⑴　読み手の欲しい情報に端的に答える

　経営上の意思決定に使用する目的で税務意見書を作成する場合，読み手は，通常は，①結論と②今後の対処方法を知りたがっている。これらに端的に答えることが必要である。読み手は，細かい調査方法にはあまり興味がない。また，調査内容をすべて知りたいわけでもない。

⑵　リサーチ結果は詳しく書く

　リサーチ結果は簡潔にしてはいけない。税務意見書は，多くの脚注が許容される法律文書である。

⑶　判例実務に忠実に書く

　判例実務に忠実に，審判官，裁判官の立場になったつもりで書くことが必要である。自分の意見だから何でもよいとはならない。「最高裁はこう言っているけれど，私はこう思う」では説得力がない。

　なお，余談であるが，稀に依頼者の見解が実質的には違法で，弁護士や税理士を上手に利用しようと悪知恵を働かせる人も世の中には存在する。明らかに違法なことを，「先生，これグレーですよね？」と言い寄ってくる。もしもその会社に強制捜査が入り，処分を受けたとなると「先生，適法って言ったじゃないですか」と責任を問われる可能性も出てくる。判例がなく違法とまではいえない可能性があるとしても，実質的には脱法行為というときには，明確に「違法です」と伝え断るべきである。

　もっとも，リサーチの結果，依頼者の見解（解釈）もありうる場合には，必要以上に恐れないで「こういう解釈もありうる」と税務意見書に書けばよい。ただし，そのようなときには必ず，「最終的に裁判所の見解と一致することを保証するものではない」といった記載を行っておいた方がよい。

⑷　特定の読み手を想定して書く

　税務意見書を誰が読むのか，依頼者なのか，処分権限者なのかを想定して，その人はどのように書けば理解しやすいかを考えて書くことが求められる。税務意見書の場合には，課税当局，審判所，裁判所が目にすることを想定して作成することになる。

　なお，税務意見書の読み手として依頼者のみが想定される場合には，口頭で助言した方がよいこともある。税務意見書は公開文書ではないが，意図しない人の手に渡ることもありうる。マル秘と書かれていると，かえって読みたくなるものである。この部分は書いても問題がないか，自問することをお勧めしたい。弁護士と依頼者の秘匿で当局との関係では守られることがあるにしても，その最終判断は裁判所が行うのであるから，仮に守られたとしても裁判官は非公開で目を通すことになる。目を通した裁判官はその内容を忘れることはない。

⑸　税務意見書の構成

　税務意見書の構成は，おおむね次のようなものとなることが多い。

質問	リサーチを始める原因となった質問を一文か二文で表現する。

↓

回答	一文か二文で表現する。説明も簡潔に行う。 なお，複数の質問の場合，質問ごとに回答し，わかりやすく対応させる。

↓

事実	読み手が全員知っていたとしても前提事実を書く。後日，類似論点が問題となった際に，担当者がこの部分を読めば関連性を即座に知ることができるようにするためである。また，将来，前提した事実が立証できずに実は事実が違ったということもありうるため，責任を限定するためにも記載が必要となる。前提事実をフィックスしないと法的意見を述べることはできない。

↓

目次	どのように議論を進めていくか，その構成がわかるように目次を設ける。これにより，読み手はどのように理解していけばよいかが事前にわかることになる。

↓

分析	税務意見書の核心となる論証部分である。書きたいだけ書いて構わない。項目や章を設けて単調になることを回避し，結論につながるように見出しをつけるとよい。それにより読み手はより理解しやすくなる。分析においては文献等からの長い引用も許される。

↓

結論	回答で書いたことをより詳しく書く。短くても構わない。 回答と同じ内容でなくてはならない。回答と同じ言葉を使ってもよく，ここで創造力を発揮する必要はない。

さらなる 質問	さらに調べたり，確認したりすべき分野を記載する。記載しておくことで，後日思い出せるようになる。
参考文献	出典がわからなければ，書き手がいないと確認できなくなってしまうため，必ず記載しておく。そうでないと，読んだ人がさらにリサーチしたくても最初からやり直すことになってしまう。調査に役に立たなかった文献も参考文献として挙げておく。そのことにより，それが涸れ井戸であったことを読み手に教えることができる。もっとも，税務意見書は学術論文とは異なるため，長々と参考文献を挙げる必要まではない。「主な参考文献」「参考文献の一部」といった題目と内容で足りる。関連する重要な判例は最新の情報を追記するとよい。

　なお，短い税務意見書の場合には，「目次」「結論」「さらなる質問」は省略しても構わない。「事実」も簡単に一文か二文の要約で足りる。

(6)　判例の引用の仕方

　文章の流れを切らないように，事件番号と事件名は文末に記載する。長い引用の場合には，段落の最後にまとめを行い，段落を変えた方がよい。長い引用は目が疲れるためである。

悪い例　「○○○○事件」（最判令和○年○月○日民集○巻○号○頁）で裁
　　　　判所は，この種の事案では，○○○であると判示した。

良い例　裁判所はこの種の事案では，○○○であると判示した（「○○○○
　　　　事件」（最判令和○年○月○日民集○巻○号○頁）参照）。

---

(7)　作成の指示は文書で受ける

　税務意見書作成の指示は，指示内容の食い違いや誤解を防ぐため，具体
的に文書で受けるようにしてほしい。口頭で受けたとしても，必ず文書に
したドラフト段階の内容を依頼者に確認してもらうべきである。指示を文
書で受けた場合には，税務意見書を提出するときに，その文書も添付する
とよい。能力不足と思われないためにも，重要なことである。

　指示文書では，長さと締め切りも記載してもらうべきである。そうする
ことで，依頼者への報酬請求額を適切なものとすることができる。

　なお，依頼者向けの税務意見書の冒頭には，作成のために割り当てられ
た時間を記載するとよい。これによって依頼者は，税務意見書の内容がど
の程度詳しく，信頼できるものなのかがわかることになる。

7 紛争を見据えた事実主張の書き方

　税務意見書で当局等に事実主張を行う場合には，以下の点を意識してほしい。

(1)　ストーリーとして書く

　当局側のストーリーが説得的であったとしても，これを攻撃するのではなく，自分のストーリーを語る。長きにわたる場合には，最初に概要を述べ，背景的事実を要約するとよい。

　主張する事実は，事実のストーリー（動かしがたい事実の前後の事実，趣旨，理由，経緯などを記載する。）と課税要件事実に関する事実だけでよい。こちら側の主張する結論に傾くような事実を挙げ，記憶に残る細部を描写することである。

　ストーリーとして書く際には，人の行動には必ず動機・理由があることから，動機・理由部分まで書くことを心がけてほしい。どうしてそうなったのか，問題のきっかけは何なのかを記すことになる。また，具体的な情報を入れ込むとよい。その方が読み手は記憶しやすく，書き手が苦労して事実を確認し，自信を持って書いていることが伝わるからである。たとえば，「何百万円の車」といった形で曖昧に記載すると，調べる余裕がなかったことを白状しているようなもので印象は悪くなる。

　納税者側のストーリーが最終的な裁判において採用されるには，ストーリーが動かしがたい事実や証拠から見て信ぴょう性の高いものであることに加えて，裁判官の正義感に訴えるものでないとなかなか難しい。そのような事情があるなら可哀そうではないか，当局側の行為は信義に反するの

ではないか，と思ってもらえるかがカギとなる。

　日本の法律は実定法主義であるが，一般条項が多くあり，法律解釈も比較的柔軟だといわれている。また，最高裁判所の判決でも「特段の事情」がしばしば登場することからもわかるように，裁判官は常に結論が正当であるか（いわゆるスジ・スワリ），正義感に裏付けられた結論になっているかを考えているものである。

(2)　証拠に基づき正確に書く

　証拠（関係者の証言も含む。）に基づいて正確に事実を書く。証拠に基づかない事実は削除する。また，客観的に観察できない感情や精神状態を書かないことである。観察できる事実を書くべきである。

> **例**　「悲しいと感じた」　→　「涙が頬を伝わって流れた」
> 　（なお，「悲しいと〜が言っていた」ことは，観察できる事実なので記載
> 　してよい。）

　必ず証拠を引用する。その際，関係する証拠はできる限り引用する。証拠にページ数があれば，特定して引用する。

> **例**　資料○・○○頁　甲○・○○頁

　契約書の条文を引用する際には，必要な箇所に下線を引いて，ここが問題となっていると主張するとよい。書面一通を読めば必要なことがわかるのが理想的である。

(3)　最も重要な事実から書く

　事実主張との関係で最も効果的で説得力のある事実，読み手に最も知ってほしい事実から書くようにするとよい。時系列にこだわる必要はない。なお，重要だからといって何度も繰り返さない方がよい。インパクトが薄まってしまうからである。

(4)　一本道で書く

　読みやすくするために，「後述のように」「前述のように」と前後させずに，前から読んでいくとそのまま頭に入る構成で書くべきである。注の中で事実を主張することも避けたい。

(5)　不利な事実を認める

　不利な事実は，当局から指摘されるより，自分から告白した方がましである。隠していたと思われてしまうことだけは避けたい。真実は真実と認め，こちらの主張と矛盾する証拠があることも認めることで，書き手の信頼性は増すものである。もっとも，不利な事実は原則として最初に書かないことである。主語を曖昧にするため受動態を用いるといった工夫があってもよい。また，不利な事実の細部まで書く必要はなく，正確な事実が記載されている限り，弁護士や税理士の職業倫理上の責任は果たしているといえる。

⑹　起こっていない事実に触れる

　時に，起きても不思議でないことが起きていない事実を指摘することが有効であることがある。たとえば，法的議論や事実評価の中で，その事実にあえて触れ，その意味について述べることが考えられる。もっとも，そのような起きていない事実を多数指摘することには注意が必要である。実際には起きていないことばかりを述べると，単なるフィクションになりかねない。

⑺　法的議論と峻別する

　事実を主張している部分で法的議論をしない，法的結論を書かないことである。これらを混同すると，法的三段論法を理解していない，いい加減な専門家と思われかねない。逆に，法的議論の章で事実を追加することもやめていただきたい。法的議論の章で繰り返してよいのは，その議論のために必要な事実だけになる。

　また，事実の評価についても，事実（いわゆる客観的なナマの事実）とは区別して記載する必要がある。

8 文献・判例引用の作法

(1) 引 用

　引用は，①他人の文章が疑問点に直接答えるものであるとき，あるいは②他人の文章の方が自分の文章よりはるかに雄弁であるときにこれを行うとよい。

ア　引用方法

　文献等を引用する際には，著作権に気を配る必要がある。引用につき，著作権法は次のように定める（強調・下線は筆者）。

> 著作権法
> （引用）
> **第32条**　公表された著作物は，**引用**して利用することができる。この場合において，その**引用**は，<u>公正な慣行に合致するもの</u>であり，かつ，<u>報道，批評，研究その他の引用の目的上正当な範囲内</u>で行なわれるものでなければならない。

　著作権法にいう「引用」とは，最高裁判所の判例で次のように解釈されている。

最3小判昭和55年3月28日民集34巻3号244頁（パロディ事件）
（括弧・強調・下線は筆者）

> 　法30条1項第2（現32条1項）は，すでに発行された他人の著作物を正当の範囲内において自由に自己の著作物中に節録引用することを容認しているが，ここにいう**引用**とは，<u>紹介，参照，論評その他の目的で自己の著作物中に他人の著作物の原則として一部を採録すること</u>をいうと解するのが相当であるから，右引用にあたるというためには，<u>引用を含む著作物の表現形式上，引用して利用する側の著作物と，引用されて利用される側の著作物とを明瞭に区別して認識することができ，かつ，右両著作物の間に前者が主，後者が従の関係があると認められる場合でなければならない</u>というべきであり，更に，法18条3項（現17条・20条）の規定によれば，<u>引用される側の著作物の著作者人格権を侵害するような態様でする引用は許されない</u>ことが明らかである。

　引用においては，上記判例のいう要件をすべて満たした上で行う必要がある。

　つまり，①引用は一部にとどめ，②「　」等を用いて引用とわかるように明瞭に区分した上で，③引用する側が主，引用元は従と評価できる範囲内でこれを行い，④引用のやり方としても著作者を侮辱するような，その著作者人格権を侵害するようなやり方でこれを行わないことが求められる。

イ　判決文の引用

　法令の条文と判決文については，著作権法の保護の対象外であるから（著作権法13条1号・3号），上記引用の要件を守る必要がそもそもない。ただし，業界のマナーとして次のような慣行を守ってこれを行いたい。

- 事件の勝敗を決する判例があるときは，最初に引用する。
- 事件の勝敗を決する判例がないときは，主張を述べてから引用する。主張を述べる前に，詳細で学術的な判例分析を行えば行うほど，説得力は落ちるので気をつけたい。
- なぜその判例を引用したのか，などの理由を簡潔に書く。
- 引用部分を整理しまとめることで，引用したことの意味を明確にする。
  例 「引用」（出典）
    すなわち，〜とは次の二つの要素がある場合である。
    ① 〜
    ② 〜
- 大事件でもない限り先例を覆すことを求めない。
- 判例を引用しすぎない。一論点につき三つもあれば十分である。どんなに長時間リサーチしたとしても，その結果の全部を書かなければならないわけではない。もっとも，同じルールを何度も裁判所が使ったことを示したいときには，例外的に多数の判例を引用することも許される。
- 長い引用を本文でしない。そうでないと読み手の注意が散漫になってしまう。どうしても必要な場合は，文末か脚注でこれを記載し，文中では短く引用する。
- 判例の年月日，出典は文末か段落の最後にこれを記載する。本文を読む邪魔にならないようにするためである。
  例 裁判所は，〜と判示した（最3小判昭和55年3月28日民集34巻3号244頁）。
- 長い引用の後は段落の最後にまとめを行い，段落を変える。長い引用は目が疲れるため，そのまま論証を続けないことである。

⑵　脚　注

　脚注は，出典や関連資料を示すために使用する。調査のメモや税務意見書では有益なものである。なお，裁判所提出書類では，どこまで読めばよいのかが不明確になるため，以下の例外を除いて，控えめにすべきである。

> **例外**　①　あまり重要でない論点につき相手に反論するとき
>
> 　　　　②　本文に入れる必要のない長い引用を行うとき
>
> 　　　　③　数多くの判例を記載する必要があるとき
>
> 　　　　④　仮定的議論をしておきたいが，それを強調したくないとき
>
> 　　　　⑤　書面に書いておきたいが，あまり重要でないとき
>
> 　　　　⑥　裁判官が判決理由を書きやすいように，判決理由をどのように
> 　　　　　　書くべきか，判例がどのように変遷してきたかを伝えたいとき

⑶　出典の明示方法

　出典は以下のように明示するとよい。

ア　書　籍

- 単独著書　<u>執筆者名『書名』頁（出版社，版，発行年）</u>

> **例**　金子宏『租税法』263頁（弘文堂，第24版，2021）

- 共著書　共著者名『書名』頁〔執筆者名〕（出版社，版，発行年）
　　　　　（〔　〕は亀甲括弧と呼ばれる。）

> **例**　増井良啓＝宮崎裕子『国際租税法』211頁〔増井良啓〕（東京大学出版会，第4版，2019）

- 編著書　編者名『書名』頁〔執筆者名〕（出版社，版，発行年）
コンメンタールなどがこれに当たる。

> **例**　三木義一監修・山田泰弘＝安井栄二編『新　実務家のための税務相談（会社法編）』162頁以下〔西中間浩〕（有斐閣，第2版，2020）

- 翻訳書　原著者名（訳者名）『書名』頁（出版社，版，発行年）

> **例**　リチャード・L・ドーンバーグ著（川端康之監訳）『アメリカ国際租税法』73頁（清文社，2001）

イ　論　文

- 雑誌論文　執筆者名「論文名」雑誌名　巻　号　頁（発行年）
判例解説もこれに当たる。「論文名」を原典どおりのタイトルにする必要がある。

> **例**　増井良啓「非永住者制度の存在意義」ジュリ1128号107頁以下（1998）

・記念論文　<u>執筆者名「論文名」献呈名『書名』頁（出版社，発行年）</u>

> **例**　中里実「租税法における経済学的思考」新井隆一先生古稀記念『行政
> 法と租税法の課題と展望』371頁（成文堂，2000）

ウ　前掲文献

もう一度，同じ文献を引用するときは，次のように行う。

・<u>執筆者名（姓のみ）・前掲注（　）頁</u>

> **例**　三木・前掲注⑳240頁

エ　海外文献

・書籍　<u>執筆者名（発行年）本タイトル，出版地：出版社，ページ</u>

> **例**　Arnold, Brian J.（2023）*International Tax Primer*, Fifth Edition,
> Alphen aan den Rijn : Kluwer Law International, p.17

・論文　<u>執筆者名（発行年）'論文タイトル', 雑誌タイトル巻号数：ページ</u>

> **例**　Avi-Yonah, Reuven S.（2000）'Globalization, tax competition, and
> the fiscal crisis of the welfare state', *Harvard Law Review* Vol.113
> No.7 : pp. 1573-1676

pp.とはpagesの略である。上記例ではpages 1573 to 1676を意味する。
'　'はクオテーションマークと呼ばれる。

オ　ホームページ

• 「記事名」『ホームページ名』URL（閲覧日）

> **例**　「平成29年分　所得税の改正のあらまし」『国税庁ホームページ』
> https://www.nta.go.jp/publication/pamph/shotoku/h29kaisei.pdf（閲覧
> 日2023/04/01）

⑷　判例の特定

　判例を引用する際には，次のように行う。

最高裁大法廷判決	最高裁昭和60年3月27日大法廷判決・民集39巻2号247頁
	最大判昭和60年3月27日民集39巻2号247頁
	最大判昭和60・3・27民集39・2・247
最高裁小法廷判決	最高裁平成28年2月29日第1小法廷判決・民集70巻2号242頁
	最1小判平成28年2月29日民集70巻2号242頁
	最判平成28・2・29民集70・2・242
最高裁小法廷決定	最高裁平成16年1月20日第2小法廷決定・刑集58巻1号26頁
	最2小決平成16年1月20日刑集58巻1号26頁
	最決平成16・1・20刑集58・1・26

地裁判決・高裁判決	東京高裁平成15年9月9日判決・判時1834号28頁
	東京高判平成15年9月9日判時1834号28頁
	東京高判平成15・9・9判時1834・28
	横浜地裁小田原支部平成7年9月26日判決・訟月42巻11号2566頁
	横浜地小田原支判平成7年9月26日訟月42巻11号2566頁
	横浜地小田原支判平成7・9・26訟月42・11・2566

　なお，判例集は，民集（最高裁判所民事判例集）→判時（判例時報）→判タ（判例タイムズ）→その他の順に優先的にこれを掲げるのが通例となっている。

判例集未登載 （公刊物未登載）	東京地判令和4年9月14日判例集未登載 （令和3年（行ウ）第268号）
裁判所ホームページ	東京地判平成23年10月31日裁判所HP参照 （平成21年（ワ）第31190号）

三

実践・税務意見書の書き方

1 メモの作成とあてはめの訓練

(1) 要約メモの作成

　税務意見書のような法律文書を作成するためには，いきなり文章作成を始めるのではなく，事前に構成，文章の骨格を検討し，それをメモ等に落とし込む作業が必要となる。このような構成メモ（論証の設計図）の作成は，裁判官を含め，ほとんどの法律専門家が実践しているところである。構成メモは，そのメモを見ればすぐに文章化できる程度のもので十分であるが，共同で文章を作成する際には共同作成者とも議論ができるように，そのメモを見ればこれから展開するロジックが見えてくるようなものであることが望ましい。

　そのような構成メモを作成する訓練として，実際の裁判例を読み込み，文章化する前の構成が見える形で要約するメモを作成することをお勧めしたい。その際には，このような要約メモがあれば，裁判例を再現できる程度のもの，特にその論理構成が一目瞭然となるようなものとなるように心がけたい。法の適用は法的三段論法に従い展開されるのであるから，法的三段論法に対応させて論理の流れを示すことになる。

【課題1】

> 　以下の判例につき，その構成がわかる形で，これを要約するメモを作成せよ。

建物所有権移転登記抹消登記手続請求事件

最1小判平成元年9月14日集民[1]157号555頁

主　　文

原判決を破棄する。

本件を東京高等裁判所に差し戻す。

理　　由

上告代理人A，Bの上告理由二について

一　原審の確定した事実関係の概要は，次のとおりである。

1　上告人は，昭和37年6月15日被上告人と婚姻し，二男一女をもうけ，東京都新宿区市谷砂土原町所在の第一審判決別紙物件目録二記載の建物[2]（以下「本件建物」という。）に居住していたが，勤務先銀行の部下女子職員と関係を生じたことなどから，被上告人が離婚を決意し，昭和59年11月上告人にその旨申し入れた。

2　上告人は，職業上の身分の喪失を懸念して右申入れに応ずることとしたが，被上告人は，本件建物に残って子供を育てたいとの離婚条件を提示した。

3　そこで，上告人は，右女子職員と婚姻して裸一貫から出直すことを決意し，被上告人の意向にそう趣旨で，いずれも自己の特有財産に属する本件建物，その敷地である前記物件目録一記載の土地及び右地上の同目録三記載の建物（以下，これらを併せて「本件不動産」という。）全部を財

産分与として被上告人に譲渡する旨約し（以下「本件財産分与契約」という。），その旨記載した離婚協議書及び離婚届に署名捺印して，その届出手続及び右財産分与に伴う登記手続を被上告人に委任した。

4　被上告人は，右委任に基づき，昭和59年11月24日離婚の届出をするとともに，同月29日本件不動産につき財産分与を原因とする所有権移転登記を経由[3]し，上告人は，その後本件不動産から退去して前記女子職員と婚姻し一男をもうけた。

5　本件財産分与契約の際，上告人は，財産分与を受ける被上告人に課税されることを心配してこれを気遣う発言をしたが，上告人に課税されることは話題にならなかったところ，離婚後，上告人が自己に課税されることを上司の指摘によって初めて知り，税理士の試算によりその額が2億2224万余円であることが判明した。

二　上告人は，本件財産分与契約の際，これにより自己に譲渡所得税が課されないことを合意の動機として表示したものであり，2億円を超える課税がされることを知っていたならば右意思表示はしなかったから，右契約は要素の錯誤により無効である旨主張して，被上告人に対し，本件不動産のうち，本件建物につき所有権移転登記の抹消登記手続を求め，被上告人において，これを争い，仮に要素の錯誤があったとしても，上告人の職業，経験，右契約後の経緯等からすれば重大な過失がある旨主張した。原審は，これに対し，前記一の事実関係に基づいて次のような判断を示し，上告人の請求を棄却した第一審判決を維持した。

1　離婚に伴う財産分与として夫婦の一方が他方に対してする不動産の

イメージする上では有用な情報の一つである。

3　どのような契約が締結され，実行されたのかは，法的に事案を把握する上では，必須の事項である。

譲渡が譲渡所得税の対象となることは判例上確定した解釈であるところ，分与者が，分与に伴い自己に課税されることを知らなかったため，財産分与契約において課税につき特段の配慮をせず，その負担についての条項を設けなかったからといって，かかる法律上当然の負担を予期し得なかったことを理由に要素の錯誤を肯定することは相当でない。

　2　本件において，前示事実関係からすると，上告人が本件不動産を分与した場合に前記のような高額の租税債務の負担があることをあらかじめ知っていたならば，本件財産分与契約とは異なる内容の財産分与契約をしたこともあり得たと推測されるが，右課税の点については，上告人の動機に錯誤があるにすぎず，同人に対する課税の有無は当事者間において全く話題にもならなかったのであって，右課税のないことが契約成立の前提とされ，上告人においてこれを合意の動機として表示したものとはいえないから，上告人の錯誤の主張は失当である。

三　しかしながら，右判断はにわかに是認することができない。その理由は，次のとおりである。

　意思表示の動機の錯誤が法律行為の要素の錯誤としてその無効をきたすためには，その動機が相手方に表示されて法律行為の内容となり，もし錯誤がなかったならば表意者がその意思表示をしなかったであろうと認められる場合であることを要するところ（略），右動機が黙示的に表示されているときであっても，これが法律行為の内容となることを妨げるものではない。[4]

　本件についてこれをみると，所得税法33条1項にいう「資産の譲渡」と

　4　この部分がいわゆる規範（法令解釈）部分に当たる。

は，有償無償を問わず資産を移転させる一切の行為をいうものであり，夫婦の一方の特有財産である資産を財産分与として他方に譲渡することが右「資産の譲渡」に当たり，譲渡所得を生ずるものであることは，当裁判所の判例（略）とするところであり，[5]離婚に伴う財産分与として夫婦の一方がその特有財産である不動産を他方に譲渡した場合には，分与者に譲渡所得を生じたものとして課税されることとなる。したがって，前示事実関係からすると，本件財産分与契約の際，少なくとも上告人において右の点を誤解していたものというほかはないが，上告人は，その際，財産分与を受ける被上告人に課税されることを心配してこれを気遣う発言をしたというのであり，記録によれば，被上告人も，自己に課税されるものと理解していたことが窺われる。そうとすれば，上告人において，右財産分与に伴う課税の点を重視していたのみならず，他に特段の事情がない限り，自己に課税されないことを当然の前提とし，かつ，その旨を黙示的には表示していたものといわざるをえない。そして，前示のとおり，本件財産分与契約の目的物は上告人らが居住していた本件建物を含む本件不動産の全部であり，これに伴う課税も極めて高額にのぼるから，上告人とすれば，前示の錯誤がなければ本件財産分与契約の意思表示をしなかったものと認める余地が十分にあるというべきである。上告人に課税されることが両者間で話題にならなかったとの事実も，上告人に課税されないことが明示的には表示されなかったとの趣旨に解されるにとどまり，直ちに右判断の妨げになるものではない。

　以上によれば，右の点について認定判断することなく，上告人の錯誤の主張が失当であるとして本訴請求を棄却すべきものとした原判決は，民法

　5　過去の判例によって確定した解釈については，要約作業の際には所与のものとして扱ってよく，情報をとどめ，焦点をぼかさないようにするためにも深入りは禁物である。

95条の解釈適用を誤り，ひいて審理不尽，理由不備の違法を犯すものというべく，右違法が判決に影響を及ぼすことは明らかであるから，この点をいう論旨は理由があり，原判決は破棄を免れない。そして，本件については，要素の錯誤の成否，上告人の重大な過失の有無等について更に審理を尽くさせる必要があるから，本件を原審に差し戻すこととする。[6]

　よって，その余の論旨に対する判断を省略し，民訴法407条1項に従い，裁判官全員一致の意見で，主文のとおり判決する。

以下に要約メモのサンプルを示す。これはあくまでサンプルであって，これが正解であるわけではない。筆者が想定している要約メモとはどのようなものなのかのイメージを持っていただく参考にしていただきたい。

ただ漫然と作成するのではなく，そのときの自分の最善の読解力で，過去の判例の論理構成を丸裸にしてみせる，といった意気込みで臨むとより一層力がつく。過去の判例は，法律文書作成の力をつける上で最もよい教科書である。論理展開やリーズニングを追いかけ何とか理解しようという試みを続けることで，いわゆるリーガルマインドも自然とついてくる。

 6　結論部分については正確に把握したい。

【要約メモのサンプル】

H元.9.14集民157-555　メモ　サンプル

一　事　実
S37.6　X・Y　婚姻　二男一女
S59.11　X・Y　離婚　X→Y　特有財産（土地・建物）を財産分与
　　　　所有権移転登記
　　　　X　Yに課税されることを心配し気遣う発言　自己に課税は話題
　　　　にならず
　　　　X　離婚後に自己に約2.2億課税されることを知る

二
1　当事者の主張
　　X　自己に課税されないことを財産分与合意の動機として表示していた
　　　　自己に課税されることを知っていたら合意の意思表示はしなかった
　　　→⁷財産分与　要素の錯誤により無効（旧民95）
　　　→　所有権移転登記の抹消登記手続請求
　　Y　要素の錯誤なし
　　　　Xの職業・経験・契約後の経緯等からすれば重大な過失あり（旧民
　　　95但書）
2　原審　＜略＞

　　　7　メモゆえ，論理の流れは「→」などで示すことで十分である。

三

1 規範提示

要素の錯誤 動機の錯誤の場合

① 動機が相手方に<u>表示</u>されて<u>法律行為の内容に</u>[8]

② もし錯誤がなかったならば表意者がその意思表示をしなかったであ

ろう（要素性）

（最判S29.11.26民集 8 - 11 - 2087他）

→ ① <u>黙示的に表示されているときでも法律行為の内容となりうる</u>

（理由 判旨からは不明

取引安全という点からいえば相手方の認識可能性が大事

黙示でも相手方がこれを認識しているケースありうる？[9]）

2 あてはめ

① ・少なくともX 財産分与の際 自己に課税なしと誤解

（財産分与で譲渡所得課税 確定判決あり）

・<u>X 財産分与の際 Yに対してYの課税を心配して気遣う発言</u>

<u>Y 自己に課税されるものと理解（証拠 記録 証人尋問？）[10]</u>

→ X 財産分与による課税を重視

X 自身には課税がないことを当然の前提 かつ それを黙示的

に表示 ○

（評価のポイント Xに課税がないことが合意の前提だよ が相

手方に伝わっているか？）

② 課税額多額 → ○の余地十分あり

---

8 キーワードについては，裁判例で使われている用語のまま使う必要が

ある。

9 理由の記載がない判例も多く存在するが（特に古い判例において顕著

である），そのような場合でも，実務上の応用力をつけるためには，なぜ

このような結論になっているのか，自分なりの理由を必ず考えるようにし

3　結　論

②の点と重過失の有無につきさらに審理させるため原判決破棄・原審差戻し

　＜参照＞　債権法改正後（2020.4.1～）

①　「その事情が法律行為の基礎とされていることが表示されていたとき」

②　「その錯誤が法律行為の目的及び取引上の社会通念に照らして重要なものであるとき」

現民法

（錯誤）

第95条　意思表示は，次に掲げる錯誤に基づくものであって，その錯誤が法律行為の目的及び取引上の社会通念に照らして重要なものであるときは，取り消すことができる。

一　意思表示に対応する意思を欠く錯誤

二　表意者が法律行為の基礎とした事情についてのその認識が真実に反する錯誤

2　前項第2号の規定による意思表示の取消しは，その事情が法律行為の基礎とされていることが表示されていたときに限り，することができる。

3　錯誤が表意者の重大な過失によるものであった場合には，次に掲げる場合を除き，第1項の規定による意思表示の取消しをすることができない。

一　相手方が表意者に錯誤があることを知り，又は重大な過失によって

CHECK POINT
たい。もっとも，その場合，判決文には記載のない自分の考えであることがわかるように要約メモ等では表記すべきである。ちなみに，筆者は必ず（　）で区別し「？」をつけるようにしている。

10　証拠との関係を示せると，要約メモの実務上の価値が向上する。ここでは訴訟記録で直接確認したわけではないため，「？」をつけている。

　　　知らなかったとき。

二　相手方が表意者と同一の錯誤に陥っていたとき。

4　第1項の規定による意思表示の取消しは，善意でかつ過失がない第三
　者に対抗することができない。

要約メモの作成においては，以下の点に留意するとよい。

- 理由付けがなされず結論しか示されていない部分については，自分なり
  にその理由を考えて補足する。考える際には，基本書やコンメンタール，
  調査官解説や判例評釈等を参考にするとよい。ただし，自分で考えて補
  足した部分は，必ずそれとわかるように他の部分と区別して記載する。
  そうしないと，正確な要約を他人に伝えることができなくなるからであ
  る。なお，筆者は必ず「？」をつけて記載している。
- 要約メモは，後日これを参考にする際の有用なメモとするために，当該
  論点に関連する最新の法改正の情報，判例の情報も可能な範囲で追記す
  る。

⑵ 構成メモの作成

【課題2】

最１小判平成元年９月14日集民157号555頁と同じ事実関係に現行民法を
あてはめた場合，上告人による本件建物の所有権移転登記の抹消登記手続
請求は認められるか。請求の当否を論ずるにあたっての構成メモを作成せ
よ。

（制限時間　20分）

<参考>

現行民法

（錯誤）

第95条　意思表示は，次に掲げる錯誤に基づくものであって，その錯誤が
法律行為の目的及び取引上の社会通念に照らして重要なものであるとき
は，取り消すことができる。

　一　意思表示に対応する意思を欠く錯誤

　二　表意者が法律行為の基礎とした事情についてのその認識が真実に反
　　する錯誤

２　前項第２号の規定による意思表示の取消しは，その事情が法律行為の
　基礎とされていることが表示されていたときに限り，することができる。

３　錯誤が表意者の重大な過失によるものであった場合には，次に掲げる
　場合を除き，第１項の規定による意思表示の取消しをすることができな
　い。

　一　相手方が表意者に錯誤があることを知り，又は重大な過失によって
　　知らなかったとき。

　二　相手方が表意者と同一の錯誤に陥っていたとき。

　4　第1項の規定による意思表示の取消しは，善意でかつ過失がない第三者に対抗することができない。

旧民法
（錯誤）
第95条　意思表示は，法律行為の要素に錯誤があったときは，無効とする。ただし，表意者に重大な過失があったときは，表意者は，自らその無効を主張することができない。

【ポイント】

• 現行法の条文に丁寧にあてはめる。
• 現行法の文言を忠実に使用する。
• 「表示」については黙示が含まれているのか明確でないため，先の最高裁判所の判決をうまくここで使用する。
• 重過失の論点は，差戻審を参考に，現在の実務に照らし合わせて，丁寧にあてはめを行う。

【構成メモのサンプル】

1　問題の所在

95条1項2号　○

95条1項本文　○

「法律行為の目的」財産分与，課税の有無は重要

「取引上の社会通念」課税額多額ゆえ，重要

95条2項　「表示」に黙示が含まれるか，文言からは不明確ゆえ問題に

2　規範提示

H元.9.14集民157−555

黙示的に表示されているときでも法律行為の内容となりうると判示

（理由　判旨からは不明

　　　　取引安全という点からいえば相手方の認識可能性が大事

　　　　黙示でも相手方がこれを認識しているケースありうる？）11

→　理由は現行法にもあてはまる。動機部分が「法律行為の内容」となるか，「その事情が法律行為の基礎とされている」かの違いは理論的な説明の違いにすぎない。12「表示」には黙示のものも含まれる。

11　ここの部分は，先の判例の要約メモそのままでよい。

12　規範の論理展開には必ず理由を付したい。

3　あてはめ

- 少なくともX　財産分与の際　自己に課税なしと誤解

（財産分与で譲渡所得課税　確定判決あり）

- X　財産分与の際　Yに対してYの課税を心配して気遣う発言

 Y　自己に課税されるものと理解（証拠　記録　証人尋問？）

   → 　X　財産分与による課税を重視

  　 X　自身には課税がないことを当然の前提　かつ　それを黙示的

  　 に表示　○

  　 （評価のポイント　Xに課税がないことが合意の前提だよ　が相

  　 手方に伝わっているか？）[13]

4　結　論

95条3項　重過失の有無次第[14]では，取消し可

13　事実の法的評価部分についても，時代の変化により変更される可能性のない限り，基本的には先の判例の要約メモと同じでよい。

14　現在判明している事実だけでは判断困難としてもよいし，事実を仮定して，こういう事実があれば，重過失が認められるといった形で論じてもよい。

(3) あてはめの訓練

【課題３】

　以下の【事実】を前提として，後記の〔設問〕に答えなさい。

【事実】
1　孝之（たかゆき）は，平成12年６月15日由紀（ゆき）と婚姻し，二男
　一女をもうけ，東京都新宿区所在の別紙物件目録二記載の建物（以下
　「本件建物」という。）に居住していたが，勤務先銀行の部下女子職員と
　関係を生じたことなどから，由紀が離婚を決意し，令和４年11月孝之に
　その旨申し入れた。
2　孝之は，職業上の身分の喪失を懸念して右申入れに応ずることとした
　が，由紀は，本件建物に残って子供を育てたいとの離婚条件を提示した。
3　そこで，孝之は，右女子職員と婚姻して裸一貫から出直すことを決意
　し，由紀の意向に沿う趣旨で，いずれも自己の特有財産に属する本件建
　物，その敷地である前記物件目録一記載の土地及び右地上の同目録三記
　載の建物（以下，これらを併せて「本件不動産」という。）全部を財産
　分与として由紀に譲渡する旨約し（以下「本件財産分与契約」という。），
　その旨記載した離婚協議書及び離婚届に署名捺印して，その届出手続及
　び右財産分与に伴う登記手続を由紀に委任した。
4　由紀は，右委任に基づき，令和４年11月24日離婚の届出をするととも

に，同月29日本件不動産につき財産分与を原因とする所有権移転登記を
経由し，孝之は，その後本件不動産から退去して前記女子職員と婚姻し
一男をもうけた。

5　本件財産分与契約の際，孝之と由紀との間で課税のことは一切話題に
ならなかったが，由紀は自己に課税されるものと理解していた。離婚後，
孝之が自己に課税されることを上司の指摘によって初めて知り，税理士
の試算によりその額が2億2,224万余円であることが判明した。

〔設問〕
　令和5年中に孝之は，本件財産分与契約の際，2億円を超える課税がさ
れることを知っていたならばこのような意思表示はしなかったから，当該
契約は要素の錯誤により無効である，あるいは孝之には課税がないものと
由紀も理解していたのであるから当該契約は共通錯誤として無効である[15]
旨主張して，由紀に対し，本件不動産のうち，本件建物につき所有権移転
登記の抹消登記手続を求めた。これらの請求の当否を論じなさい。

15　この主張は，条文から素直に出てくる主張ではないため，どのよう
な法律構成で行うか，腕の見せどころである。共通錯誤による無効につい
てはこれを認めた裁判例もあるため，まずはそれを参考にするとよい。

【留意点】

① 　結論はいずれでも構わない。裁判官になった感覚で，当事者が行って
　くるであろう主張を予想しながら，説得力のある文章となるよう心がけ
　る。

② 　最高裁平成元年 9 月14日第 1 小法廷判決・集民157号555頁との論旨の
　整合性と事案の違いを意識する。

③ 　規範の定立（法文解釈など），事実のあてはめ，結論といった法的三
　段論法を意識する。

④ 　読み手が理解しやすい見せ方（項目分け，タイトル，分量の配分な
　ど）を工夫する。

【構成メモのサンプル】

一．95条1項　動機の錯誤

1　問題の所在

　95条1項2号　○

　95条1項本文　○

　　「法律行為の目的」財産分与，課税の有無は重要

　　「取引上の社会通念」課税額多額ゆえ，重要

　95条2項　「表示」に黙示が含まれるか，文言からは不明確ゆえ問題に

2　規範提示

　H元.9.14集民157 – 555

　黙示的に表示されているときでも法律行為の内容となりうると判示

　（理由　判旨からは不明

　　　　　取引安全という点からいえば相手方の認識可能性が大事

　　　　　黙示でも相手方がこれを認識しているケースありうる？）

　→　理由は現行法にもあてはまる。動機部分が「法律行為の内容」となるか，「その事情が法律行為の基礎とされている」かの違いは理論的な説明の違いにすぎない。「表示」には黙示のものも含まれる。

3　あてはめ

　黙示表示というからには，何らかの言動が必要。一切話題にならないとなると×

　（課税の点は財産分与を行う上では必須の検討事項であり，そのような状況下で何も言わなかったという不作為をもって黙示表示があったとする考え方もありうるところであるが，そのような主張は個人的にはやや技巧的にすぎるきらいがある。）¹⁶

4　結論　×

二. 共通錯誤

1　規範提示

　共通錯誤の場合，相手方を保護する必要に乏しく，動機の表示を要することなく意思表示の無効を主張しうる（大阪地判昭和62年2月27日判時1238号143頁など）。¹⁷ ただし，95条の記載ぶりからして，その錯誤が，「法律行為の目的」「取引上の社会通念」に照らして重要といえる必要があろう。

2　あてはめ
　一. 1に同じ。○

3　結論　○

16　ここの部分が事案によって変わってくる。正解があるわけではなく，実際の裁判においても担当した裁判官次第のところがある部分である。もっとも，多くの裁判例を読み込むと，ある程度は裁判所の事実評価の傾向が見えてくる。

17　このような主張ができるかが実務家としては腕の見せどころである。

【回答サンプル】

一　動機の錯誤に基づく取消し無効主張の当否

1　問題の所在

　孝之にとって本件財産分与契約の締結によって2億円を超える課税がなされることがないという点は，孝之が設問前段の主張を行っていることからすれば，本件財産分与契約を締結する上で基礎にした事情ということができ，実際には当該課税がなされたのであるからその認識は真実に反するものであったといえる（民法95条1項2号）。また，夫婦が協力して作った財産を清算するという本件財産分与契約の目的からすれば，これにより発生する課税の有無や課税額の多寡は重要なものであり，社会通念上もそのようにいえる（同法95条1項本文）。もっとも，本件財産分与契約の際，孝之と由紀との間で課税のことは一切話題にならなかったことから，孝之の本件財産分与契約を締結する意思表示が当該事情を本件財産分与契約の基礎としていたことを由紀に対して明示しているとはいえず，「表示」（同法95条2項）の要件を満たすのかが問題となる。[18]

2　「表示」には黙示表示も含まれる

　この点，民法95条2項において表意者が法律行為の基礎とした事情につき，法律行為の基礎とされていることが「表示」されていたことを求めているのは，錯誤に陥った表意者の保護と取り消される相手方当事者の保護とのバランスを図り，取引の安全をも図ることにあるものと考えられる。

 18　丁寧に条文の要件にあてはめながら，端的に問題の所在を示す。

そうすると，「表示」の解釈においては，相手方当事者にとって当該事情につき表意者が法律行為の基礎としていることを認識しうる可能性があったか否かが重要といえる。明示的な表示だけではなく黙示表示であっても相手方はこの点につき認識可能なのであるから，「表示」には黙示表示が含まれるものと解してよい（旧民法につき黙示的に表示されているときでも法律行為の内容となりうるとしたものとして最1小判平成元年9月14日集民157号555頁参照）。

3　本件へのあてはめ[19]

　黙示表示であっても「表示」の要件を満たすことがありうるとして，本件でこれを満たすといえるか。思うに，黙示的な「表示」があったといえるためには，由紀にこの点の認識を可能とするような何らかの言動が必要である。課税のことは一切話題にならずこの点をうかがわせる言動は特段なかったというのであれば，上記動機部分につき認識を可能とするような言動があったものと評価することはできない。不作為をもって黙示表示と評価することも不可能ではないが，本件においては何らの言動もないことが，孝之に高額の課税がなされないことが本件財産分与契約をするにあたっての基礎とされていたことを意味し，そのことを由紀も認識していたというような事情は特段見られない。よって，本件財産分与契約においてはこの点の黙示的な「表示」があったとはいえず，民法95条2項にいう「表示」があったとは評価できない。

 19　最も重要な箇所であることから厚めに論じる。

4　結　論

　以上のとおり，孝之の設問前段の主張である動機の錯誤に基づく取消し無効主張は，動機部分の相手方への「表示」を欠いていることから認められない。

二　共通錯誤による無効主張の当否

1　共通錯誤による意思表示の無効

　表意者の動機部分につき，相手方当事者も同じ錯誤に陥っていた場合，相手方当事者を保護する必要に乏しく，表意者による動機部分の「表示」を問うことなく意思表示の無効を主張しうるものと解される（これを認める裁判例として大阪地判昭和62年2月27日判時1238号143頁など参照）。ただし，民法95条の記載からすれば，意思表示の無効主張が認められるのは，当該動機の錯誤が「法律行為の目的」や「取引上の社会通念」に照らして重要な場合に限られるというべきである。[20]

2　本件へのあてはめ

　由紀は，本件財産分与契約において課税されるのは自己であり，孝之には課税されないものと認識していたことからすれば，孝之の本件財産分与契約の動機部分につき共通の錯誤に陥っていたものということができる。また，夫婦が協力して作った財産を清算するという本件財産分与契約の目的からすれば，これに伴う課税の有無や課税額の多寡は重要なものであるといえ，社会通念上もそのようにいえる。したがって，孝之の本件財産分与契約を締結する意思表示は，動機部分につき相手方との間で共通錯誤に

20　副次的な論点ゆえ長々と論じる必要はない。もっとも，短い記述の中でも，法的三段論法を意識して，規範（判断基準）を立てて，あてはめるといった順序で論じたい。

陥っていたものとして無効を主張することができる。

3 結 論

　以上のとおり，孝之の設問後段の主張である共通錯誤に基づく無効主張
は，本件財産分与契約の目的や社会通念からすれば重要な動機部分につき
相手方当事者と共通錯誤に陥っていることから認められる。[21]

 21　結論を簡単な理由とともに端的に示す。

【初学者によくあるミス】

- 横書きで条文を漢数字で記載している。
- 要件をすべて満たす必要があるケースで総合判断している。
- 最高裁判決があるにもかかわらず高裁判決を引用している。
- 重過失をあっさりと認める（間接事実の摘示不十分，評価が説得的でない）。
- あてはめがあっさりしすぎている。
  例　「銀行員という職業上，経験から判断すれば，重大な過失がある。」
- あてはめで複数の要素を示しながら，検討しない要素が多数ある。
- 要素と要件を混同している。
- 「　」で引用元を示さない。
- 判例の言いまわしを正確に引用できていない。
- 引用した判例の出典の記載がなく特定できていない。
- 設問を本文でも重複記載している。
- 論理的なつながりの欠けたところがある。
- 凝りすぎて意味のとりづらい一文の長い文章になっている。
- 条文があるのに挙げていない。
- 結論に関係のない論点を延々と論じている。
  例　「不倫という背徳的な行動をした挙句，本件不動産の課税が自己にされると知り譲渡の取消しを求めたことは自己中心的である。」
- 理由なく判例実務とは異なる規範を用いている。
- なぜその論点が問題となるのか理由がない。
- 結論の記載のみで理由の記載がない。
  例　「最判平元.9.14では黙示の表示も意思表示として認めており，本件の黙示表示も意思表示として認めることができる。」
- いつの統計資料かの記載がない。

- 結論でまとめの記載がない。
- タイトルから主張が伝わってこない。
- 特殊な事情を指摘しながら具体的な記載がない。
- 二つの異なる内容を一つの章の中で論じている。
- 2枚〜3枚程度の論証に目次を掲げている。
- 今後どうすべきかの記載がない。具体的な提案が一つもない。
- 抽象的な形容詞が多用されている。

  例 「無視できない程度」
- 主語と述語が対応していない。

  例 「趣旨は，意思表示が法律行為の目的及び取引上の社会通念に照らして重要なものである錯誤に基づいていた場合に取消しが認められる。」

　以上，民法の関連する税務判例をベースに，要約メモの作成，構成メモの作成，同種論点の別事案へのあてはめの訓練を行ってきた。

　以下では，実際の税法実務において遭遇する可能性のある個別具体的な論点につき，所得税，法人税，消費税の順にいくつか取り上げ，実際の実務に沿った意見書作成の過程を追っていくこととする。

　まずは，意見書作成依頼までの経緯と，求められている作業内容を設例で示すので，自分であったらこのようなロジックを立て，このような構成で意見書等を作成するといったイメージを記した構成メモを作成することをお勧めしたい。

　意見書のサンプルでは随時，意見書作成においての留意点，注意点を示すので参考にしていただきたい。

2	所　得　税

⑴　停止期限付きの株式譲渡の所得税法36条の収入計上時期

【意見書作成依頼までの経緯】

　納税者甲の所得税につき，税務調査が入り，株式の譲渡所得につき，一部しか申告されていないとの指摘があった。納税者甲は，当該株式の申告内容は，相手方との契約関係にのっとったもので，その指摘はあたらないものと考え，税理士であるあなたのところに急遽，相談に訪れた。申告の前提となる契約関係の内容や法的な説明にも関わるため，専門家の見地から，すぐにでも甲の言い分を効果的にまとめた税務意見書を担当調査官に提出したいと考えている。

【設例】

> 　納税者甲は乙と令和5年1月26日付で，以下の条項を含む株式譲渡契約を締結した（以下「本契約」という。）。
>
> 　「甲は，乙に対し，甲所有のＡ株式会社の株式360株を，本契約の効力発生日の属する月の翌月から，毎月末6株の割合にて……売り渡す。」
>
> 　甲は乙に対して令和5年中に本契約に基づきＡ株式会社の株式66株（6株×11）を譲渡したことから，66株に相当する譲渡所得を申告した。その後，税務調査が入り，調査官より，甲には本契約の締結日である令和5年1月26日で，Ａ株式会社の株式360株の全部につき代金債権が成立しており，全株式に相当する譲渡所得が甲の令和5年中の所得になると指摘された。甲の税理士の立場で課税処分等を思いとどまらせるため，1週間以内を目安に効果的な税務意見書を作成せよ。

【意見書例】

●●国税局課税第●部課税総括課

上席国税調査官　●●　　様

　　　　　令和 5 年 1 月26日付株式譲渡契約について

　1　　法令解釈

(1)　資産を譲渡した場合の所得の年度帰属

　所得税法36条にいう「収入すべき金額」[1]とは，原則としていまだ収入
がなくても収入すべき権利の確定した金額を指すと一般に解されている
（権利確定主義・最 2 小判昭和49年 3 月 8 日民集28巻 2 号186頁等）。資産
を譲渡した場合に，収入すべき権利が確定するのは，当該資産の所有権が
相手方に移転し，代金債権が成立したときと解される（東京高判平成元年
1 月30日訟月35巻 6 号1129頁）。

(2)[2]　弁済期が複数年にまたがる場合

　代金債権は，たとえば当事者間で譲渡代金につき複数年にわたって分割
して支払いを受けることとした場合であっても，当該資産の所有権が移転
したときに，全額確定しているということができる。

1　問題となっている条文を示し，論点がずれていないことを確認する。

2　(2)と(3)が法的には異なる状況にあることを示すため，ナンバリングを
工夫する。

(3)²’　停止期限付売買契約の場合³

　他方，期限の到来を待って譲渡契約の効力が発生する契約（以下「停止期限付売買契約」（＊注⁴）という。）を締結した場合には，停止期限が到来したときに，当該売買契約が成立しその効力が発生し，代金債権も成立することになる。

2　事実の概要

　本件で問題となっている令和5年1月26日付株式譲渡契約（以下「本契約」という。）●条では次のように定められている。

「甲は，乙に対し，甲所有のA株式会社の株式360株を，本契約の効力発生日の属する月の翌月から，毎月末6株の割合にて……売り渡す。」⁵

　ここに「売り渡す」とは，毎月末個別の売買契約を締結し，その目的物を引き渡すということを意味する。両当事者とも，そのような認識で本契約を締結している。⁶このような合意に至った経緯⁷は次のとおりである。

　当初買主乙は，一括譲渡による買取代金の分割払いを提案した。しかし，売主甲は，買主乙が分割金の支払いを怠った場合の担保を何ら有していなかったため⁸，これに反対し，毎月末に6株ずつ譲渡契約を成立させる分割譲渡方式を提案した。また，売主甲は，当時A株式会社の業績が良く，株価も高かったため，1株当たりの譲渡価額を当時の株価で固定することを求めた。これに対し，買主乙は，期限を付した分割譲渡方式を採用する

CHECK POINT

3　当方主張のキーワードである。
4　独自の主張ではなく，民法解釈の通説に従っていることを示すため，根拠となる文献を挙げる。手間をかけさせず，すぐに確認していただけるように，該当箇所の写しを添付する。
5　本契約を確認する手間を省かせ，読み手に無用な負担を強いないよう

のであれば，1株当たりの譲渡価額は各期限到来時点の株価とすべきであると主張したが[9]，交渉の末，売主甲のA株式会社における支配比率を下げるという獲得目標のためには不利な条件も受け入れざるを得ないということで，本契約のとおり合意するに至った。

なお，令和●年●月●日には，A株式会社の●●部門廃業に伴う株価の大幅低下を受けて，買主乙は売主甲に対し，本件株式の買取価格の減額交渉を書面にて申し入れている。[10]

3　本件へのあてはめ

以上の事実経過並びに本契約の内容からすれば，期限が到来していない本件株式の譲渡契約については未成立で，所有権はいまだ移転しておらず，代金債権も発生していない。したがって，本契約の締結日である令和5年1月26日で，A株式会社の株式360株の全部につき代金債権が成立しており，同年月日の属する年の所得になるということはいえないものと思料する。[11]

（＊注）

内田貴『民法I総則・物権総論』301頁（東京大学出版会，第4版，2008）

該当箇所を添付いたします。ご参照ください。

　　　　　　　　　　　　　　　　　　　　　　　　　　　　以　上

に工夫する。

6　契約の内容はあくまで当事者の合意によって定まるのが原則である。

7　言いっぱなしの主張にならないように，当事者がそのような認識であったことを示すための根拠を示す。調査官も把握していないであろう，具体的な事情を挙げると説得力が増し，そのような事情があるなら再検討

令和●年●月●日

東京都●●区●●

●●●●

税務代理人　　●●●●

しようという方針変更の後押しとすることができる。

8　人や会社の行動には必ず理由があるため，これを記す。理由は読み手に「なるほど」と思わせるものでなければ説得力がない。

9　国側が疑問に思うであろう点を先読みして事情を前もって説明しておく。

10　双方当事者が価格面で通謀していないことを示す。国側からの求め

【ポイント】

　一括譲渡の分割払いと期限付きの分割譲渡は異なること，本件は後者であることを説得的に示すことがカギとなる。その際，期限付きの分割譲渡が法律的に成り立つことを，権威のある文献を参考としてつけることで，示すことが重要である。

　また，そのような法形式を採用した当事者間の事情を具体的に示すことで，租税回避目的で不自然な法形式をあえてとったわけではないことを説得的に論じる必要がある。想定される読み手は，調査官並びにその上司であることから，簡潔で要を得た表現であることが望ましい。課税処分のさらなる検討を思いとどまらせることが目的であることから，提出までのスピードも大事になってくる。

があればすぐに提出できるように当該書面を準備しておく。調査初期段階では，争点がぼけてしまわないように関連する証拠をすべて自主的に提出する必要はない。国側が関心を示すかもよくわからないため，持っていることを示すだけでとりあえずは十分である。
11　結論とその簡単な理由を最後にまとめる。法律文書のイロハである。

⑵ 「在勤手当」（所得税法９条１項７号）該当性

【意見書作成依頼までの経緯】

　A社は，海外で研修中の当社従業員（以下「海外研修中従業員」という。）に対しては，給与の20％程度を減額した上で，「滞在費」をこれに加算して支給していた。「滞在費」につき，非課税所得として処理していたところ，税務調査で次のような指摘を受けた。

　　所得税法第９条第１項第７号は，非課税所得として「国外で勤務する居住者の受ける給与のうち，その勤務により国内で勤務した場合に受けるべき通常の給与に加算して受ける在勤手当（これに類する特別の手当を含む。）で政令で定めるもの」を掲げ，これを受け所得税法施行令第22条では，「法第９条第１項第７号（非課税所得）に規定する政令で定める手当は，国外で勤務する者がその勤務により国内で勤務した場合に受けるべき通常の給与に加算して支給を受ける給与のうち，その勤務地における物価，生活水準及び生活環境並びに勤務地と国内との間の為替相場等の状況に照らし，加算して支給を受けることにより国内で勤務した場合に比して利益を受けると認められない部分の金額とする。」と定める。

　　上記手当が非課税となっている趣旨は，次のようなものである。

　　「在外公館の公務員等国外で勤務する居住者は，その国外勤務に対して受ける給与については課税の対象とされるが，海外生活に伴う生活費の増加等をカバーするため在勤手当の支給を受けても，それによって国内で勤務した場合と比較して利益を受けることとならないことから，そのような在勤手当等は非課税としたものである。」（武田昌輔監修『DHCコンメンタール所得税法』374頁（第一法規））

　かかる趣旨からすれば，所得税法施行令第22条にいうところの「加算して支給を受けることにより国内で勤務した場合に比して利益を受けると認められない部分の金額」といえるかどうかは，加算部分が，給与としてすでに課税済みの金額と比して利益を受けると認められないかどうかによって判断すべきである。

　今回，貴社の海外研修中従業員に支給されている「滞在費」は，海外研修中従業員として派遣される前の給与の20％程度を減額された給与に加算して支給されているものであるので，比較の対象となるのは，減額前の給与ではなく実際に課税された20％程度減額された後の給与額となる。そうすると，当該「滞在費」は「加算して支給を受けることにより国内で勤務した場合に比して利益を受けると認められない部分の金額」といえないことは明らかであるので，これをもって所得税法第9条第1項第7号のいうところの非課税所得と認めることはできない。

　A社としては，上記指摘に対して，全面的に当局と争うことまでは考えていないものの，国内勤務者に比して利益を与えているとの認識はなく，また今後の税務処理に大きな影響があることでもあるため，当社名義で税務意見書を提出したいと考えている。提出にあたって，税理士であるあなたのところに，原案を作成してくれないかとの依頼があった。

【設例】

　上記当局の見解に反論する，効果的な税務意見書を1週間以内に作成せよ。

【意見書例】

令和●年●月●日
株式会社●●●[1]

●●税務署　御中

一　御庁ご見解[2]
＜略＞

二　当社の見解

1　御庁見解は条文の文言・趣旨と整合しないこと

　所得税法施行令22条は，「（非課税所得）に規定する政令で定める手当は，国外で勤務する者がその勤務により国内で勤務した場合に受けるべき通常の給与に加算して支給を受ける給与のうち，<u>その勤務地における物価，生活水準及び生活環境並びに勤務地と国内との間の為替相場等の状況に照らし，加算して支給を受けることにより**国内で勤務した場合に比して利益を受けると認められない部分の金額**とする。</u>」（強調と下線部は当社[3]）と定める。

　このような条文の文言からは，御庁見解のように「加算部分が，給与としてすでに課税済みの金額と比して利益を受けると認められないかどうか」によって判断することは読み取れない。すなわち，条文上は「国内で勤務した場合に比して」[4]とあるのであって海外勤務中に国内で「給与と

CHECK POINT

1　所轄税務署との対決姿勢を示したくないとの依頼者の意向を受けて，あえて代理人名義で提出しないこともある。

2　当局側が条文を引用して理論的な主張を行ってきている場合に当たるため，当該主張に正確に反論するためにも，こちらでまとめた当局側の主張を記載し，理解に大きな齟齬がないことを示しておきたい。

してすでに課税済みの金額と比して」と読み取れるようには記載されていない。

　また，条文上，比較の際の考慮要素として「生活環境」も挙げられており，「生活環境」の変化に伴う海外赴任者の追加出費としては，たとえばガードマンや家政婦等の雇い入れ費用など，「国内で課税された給与額」の大小にかかわらず必ず一定額の支出が見込まれるものもありえ，国内で「給与としてすでに課税済みの金額」を基準に考えるとする御庁見解にそぐわない。[5]

　さらに，本条文の趣旨は御庁ご指摘のように，「海外生活に伴う生活費の増加等をカバーするため在勤手当の支給を受けても，それによって国内で勤務した場合と比較して利益を受けることとならないことから，そのような在勤手当等は非課税とした」（強調と下線部は当社）点にあり，「海外生活に伴う生活費の増加等」は，先の「生活環境」の変化に伴いある一定額についてはどのような給与体系のものであっても生じる性質のものであるし，当該一定額から，海外で国内同様の消費活動を行った場合にどの程度さらに増加するかについては，その者の国内での消費活動がどの程度であったかにも依存するものであるから，その者に支給されてきたこれまでの給与額や，職位・職責，海外での勤務内容等によっても左右される性質のものであって，国内における同時期の「給与としてすでに課税済みの金額」のみに左右されるわけではない。本条文の趣旨からすれば，あくまで企業等の必要に基づいて外国に勤務し，その業務を遂行するために追加的負担を余儀なくされる諸費用がいくらなのか，に着目すべきで（注解所得税法研究会編『注解　所得税法』530頁（大蔵財務協会，六訂版，2019）

CHECK POINT　**3**　ポイントをわかりやすく示すために有効な手段である。やりすぎるとかえってポイントがわかりにくくなってしまうため，できるだけ重要なところのみに絞る。下線部を読むだけでもある程度意味がとれるように切り取るのがコツとなる。

　4　税法解釈においては，文言解釈がまずもって重要であることは当局側

ご参照），加算部分が国内課税済みの所得とバランスがとれているかのみに着目すべきではない。

2　直前の支給給与額を基準とすることの合理性[6]

　海外研修中従業員は当社の業務の遂行として業務命令に基づいて海外で研修を行っているのであるから，海外での研修を行うことになった者がこのような業務命令を受けずに「国内で勤務した場合」と比較して利益を受けていないかどうかを問題とすべきである。当社の業務命令に基づいて海外研修中従業員が追加的に負担を余儀なくされる海外赴任に伴う生活費の増加額は，研修目的であれ通常の勤務であれ，それほど差異が生じるものではないのであるから，国内で支給されていた直前の給与体系をベースにすることには一定の合理性がある。

3　国内勤務に比して利益を受けると認められない範囲にとどまっていること[7]

　本件の海外研修中従業員に支給された「滞在費」は，対象者に海外赴任の業務命令直前までに支給されてきた給与額や，対象者の職位・職責，海外研修中従業員としての勤務内容等を考慮すべく，対象者の海外赴任直前の給与額を基準として，生活費指数（直近の現地生計費指数），為替レートを加味しており（当社在外手当規程別表●），さらに海外研修中従業員は研修が主目的であったため，通常の在勤勤務者とは異なり，時間外勤務手当相当額，休日調整を行っていない（当社在外手当規程●条）。

　このような計算過程を経て支給された「滞在費」は，「勤務地における

CHECK
POINT

も心得ているため，ここを強調する。
5　当局見解では説明できない出費の具体例を挙げる。
6　タイトルである程度，こちらの言わんとしていることが伝わるようにしたい。
7　条文を意識した主張を構築したい。

物価，生活水準及び生活環境並びに勤務地と国内との間の為替相場等の状況に照らし，加算して支給を受けることにより国内で勤務した場合に比して利益を受けると認められない」（所得税法施行令22条）範囲にとどまっているといえることから，全額，非課税所得として給与所得に含まれることはない。

4　御庁見解に従ったとしても[8]全額非課税所得とはならないこと

　また仮に，御庁ご主張のように，非課税所得に該当するかどうかは，「加算部分が，給与としてすでに課税済みの金額と比して利益を受けると認められないかどうかによって判断すべきである」としても，本件海外研修中従業員には給与としてすでに課税済みの金額が全く存在しないわけではないのであるから，これに比して利益を受けるとは認められない金額も必ず存在するはずである。

　そうすると，海外赴任に伴う生活費の増加等を補うために海外研修中従業員に支給された「滞在費」の全額が，所得税法9条1項7号にいう非課税所得に該当しないということはありえない。全額が課税所得とする御庁ご主張には従いかねる。[9]

以上

CHECK
POINT

8　このような自らの主張に自信がないことを示すような書き方（予備的主張といわれる。）は，場合によっては躊躇されるものである。しかし，ここでは仮に一部課税所得が含まれているにしても，その部分をどのように計算して切り出すかが不分明なため，全額が非課税所得でないことさえ示せれば，当局側も手を引いてくれる可能性が高い。そのため，かなり有

【ポイント】

　当局側からの見解も出されているため，まずはそれに理論的に反論することになる。文言から見てどうか，趣旨からしてどうか，と場面を分けて論じると効果的である。加えて，本件ではどうなのかにつき，当局が見落としている事実を具体的に主張し，これを説得的に評価することで，あてはめを行うことになる。

　最後に，仮に当局側の見解の立場をとったとしても，全額を非課税所得とすることはできないはずであると，その見解の不都合性をつくことができれば，ここが詰め切れない（金額的な割り切りができない）と課税処分の適法性につき主張立証責任を負っている課税庁としても課税処分までは躊躇されることになり，より効果的な税務意見書とすることができる。

効な予備的主張といえるため，あえて記載している。

9　全体的なトーンとしては全面的な対決は避けながらも，きちんと伝えたいことは伝える。

3 | 法 人 税

⑴　TNMMにおける比較対象法人・比較対象取引選定の是非

【意見書作成依頼までの経緯】

　A社は，日本に本店を置く内国法人であり，△△△の販売，製造を行っている。B社は，アメリカ合衆国に本店を置く外国法人であり，A社の100％子会社である。A社は，2017年3月期から2021年3月期までの5事業年度において，B社に対して，X製品を販売し（以下，当該販売取引を「本件国外関連取引」という。），B社は，A社のX製品を北米地域において販売した。

　A社は，2021年5月から，○○国税局による移転価格調査を受けている。A社は，○○国税局から，2022年2月●日付の「貴社の移転価格調査に関する中間意見」と題する文書にて，上記5事業年度において，本件国外関連取引について，①独立企業間価格の算定方法として，租税特別措置法施行令39条の12第8項2号に掲げる方法（取引単位営業利益法。以下「TNMM」という。）を適用する旨，②データベースを利用した一定の定量分析・定性分析を経て次の3社（以下「本件候補法人」という。）を比較対象取引を行う法人（以下「比較対象法人」という。）として選定し，その取引（以下「本件候補取引」という。）を比較対象取引とする旨，③その結果，所得移転額として合計●,●●●百万円が算出される旨指摘されている。

　　1　甲社
　　2　乙社

3　丙社

　A社は，上記指摘に対し，2023年3月10日付の意見書等で，本件候補取引に関連者間取引が含まれているなどとして，○○国税局が適用を検討しているTNMMの適用過程が誤っている旨などを指摘した。しかしながら，○○国税局は，2023年4月23日付「貴社の移転価格調査に関する担当者意見書」と題する書面で，関連者間取引の規模が小さいので，比較可能性に重大な影響を及ぼすものではなく，TNMMの考え方から乖離しない「準ずる方法」の範囲内であり，比較対象法人として採用できる旨主張している。

　A社は，○○国税局とTNMMの比較対象法人の考え方につき意見が対立していることから，弁護士であるあなたに相談したところ，A社寄りの見解であったことから，問題となっている争点について，会社宛ての税務意見書の作成を依頼することとした。

【設例】

　上記前提事実の下，本件候補法人のうち，関連者間取引を行っている法人を比較対象法人として，その取引をすべて比較対象取引とすることの是非について検討したA社宛ての税務意見書を1か月以内に作成せよ。

【意見書例】

意　見　書

A社　御中

令和5年6月●●日

●●弁護士法人

代表弁護士　●●　●●

弁護士　●●　●●

弁護士　●●　●●

　当職らは，貴社のご依頼の検討事項につき，以下のとおり，意見を申し上げます。

【Notice】

　本書は，現時点における貴社の検討のために作成されたものであり，当職らの許諾なく貴社以外の者が利用すること，あるいは，上記目的外に利用することはお控えください。

　本書は，当職らが貴社より提供を受けた情報等の真実性を前提に，法令の解釈，現在の一般的な学説，裁判例等から，現時点において，

導かれる見解を示したものです。本書の結論が裁判所等の最終的な見解と一致することまで保証したものではございません。[1]

　本書は，上記条件につき，御承諾いただいた上で，ご利用ください。

第1　前提事実[2]

　A社は，日本に本店を置く内国法人であり，△△△の販売，製造を行っている。B社は，アメリカ合衆国に本店を置く外国法人であり，A社の100％子会社である。A社は，2017年3月期から2021年3月期までの5事業年度において，B社に対して，X製品を販売し（以下，当該販売取引を「本件国外関連取引」という。），B社は，A社のX製品を北米地域において販売した。

　A社は，2021年5月から，○○国税局による移転価格調査を受けている。A社は，○○国税局から，2022年2月●日付の「貴社の移転価格調査に関する中間意見」と題する文書にて，上記5事業年度において，本件国外関連取引について，①独立企業間価格の算定方法として，租税特別措置法施行令39条の12第8項2号に掲げる方法（以下「TNMM」という。）を適用する旨，②データベースを利用した一定の定量分析・定性分析を経て次の3社（以下「本件候補法人」という。）を，比較対象取引を行う法人（以下「比較対象法人」という。）として選定し，その取引（以下「本件候補取引」という。）を比較対象取引とする旨，③その結果，所得移転額として合計●,●●●百万円が算出される旨指摘されている。

　1　甲社

---

1 無用な責任問題を生じさせないために，必ず書いておきたい。
2 これが異なれば，あてはめ部分が異なってくるため，必ず記載する。

　2　乙社

　3　丙社

　A社は，上記指摘に対し，2023年3月10日付の意見書等で，本件候補取引に関連者間取引が含まれているなどとして，○○国税局が適用を検討しているTNMMの適用過程が誤っている旨などを指摘した。しかしながら，○○国税局は，2023年4月23日付「貴社の移転価格調査に関する担当者意見書」と題する書面で，関連者間取引の規模が小さいので，比較可能性に重大な影響を及ぼすものではなく，TNMMの考え方から乖離しない「準ずる方法」の範囲内であり，比較対象法人として採用できる旨主張している。

第2　検討事項

　本件候補法人のうち，関連者間取引を行っている法人を比較対象法人として，その取引をすべて比較対象取引とすることの是非について

第3　検討結果[3]

　本件候補法人のうち，関連者間取引を行っている法人を比較対象法人として，その取引をすべて比較対象取引とすることは認められない。

第4　検討過程

　TNMMにおける比較対象取引は，「再販売者が当該棚卸資産と同種又は類似の棚卸資産を非関連者に対して販売した取引」と定義されており，条文上，明確に，「非関連者に対して販売した取引」と規定しており，関連

3　端的に示す。

者間取引が一部含まれていても売上高営業利益率への影響の度合いや調整の可否等によって比較対象取引として扱ってもよいといった特段の規定は，条文，通達，OECDガイドラインを見ても見当たらない。したがって，関連者間取引が含まれる取引をTNMMにおける比較対象取引として扱うことはできない。

　もっとも，条文においてはTNMMに準ずる方法も独立企業間価格の算定方法として採用されうることが規定されているから（租税特別措置法施行令39条の12第8項7号）[4]，関連者間取引が一部含まれていても売上高営業利益率への影響の度合いや調整の可否等によって比較対象取引として扱っても構わないといった方法がTNMMに準ずる方法と法的に評価できるかが問題となる。

1　「準ずる方法」（租税特別措置法施行令39条の12第8項7号）
(1)　準ずる方法の意義

　TNMMに準ずる方法について判示した裁判例は見当たらない。しかし，RP法に準ずる方法と同等の方法（旧租税特別措置法66条の4第2項2号ロ）について判示したものとして，東京高裁平成20年10月30日判決・税務訴訟資料258号順号11061がある（下線部は当職ら）。

> **【東京高裁平成20年10月30日判決】[5]**
>
> 　租税特別措置法66条の4第2項第2号ロは，棚卸資産の販売又は購入以外の取引について，基本3法に準ずる方法と同等の方法により独立企業間価格を算定することができる旨規定しているところ，

> この「準ずる方法」とは，取引内容に適合し，かつ，基本3法の考え方から乖離しない合理的な方法をいうものと解するのが相当であり，また，「同等の方法」とは，それぞれの取引の類型に応じて，基本3法と同様の考え方に基づく算定方法を意味するものであると解されるから，結局，「基本3法に準ずる方法と同等の方法」とは，棚卸資産の販売又は購入以外の取引において，それぞれの取引の類型に応じ，取引内容に適合し，かつ，基本3法の考え方から乖離しない合理的な方法をいうものと解するのが相当である。

　このような解釈は，「当該国外関連取引の内容」等を勘案した上での「最も適切な方法」を算定方法とする現行法の規定ぶりや（租税特別措置法66条の4第2項），「準ずる」の通常の意味内容，算定方法について法律で具体的に明記した趣旨からして，合理的であり，TNMMに準ずる方法の解釈でもあてはまるものと解される。

　なお，措置法通達66の4(6)－1には，TNMMに準ずる方法が例示されているが，本件で問題となっているような方法はいずれの例示にもあてはまらない。

(2)　一部関連者間取引を含むものを比較対象取引とすることはTNMMの考え方から乖離しない合理的な方法といえるか

ア　準ずる方法と独立企業原則

　基本3法及び利益分割法と同じくTNMMは，以下の租税特別措置法66条の4第2項に表現されている独立企業原則の考え方に基づいており，租

税特別措置法施行令39条の12第8項2号における「再販売者が当該棚卸資産と同種又は類似の棚卸資産を<u>非関連者に対して販売した取引</u>」との要件は，TNMMの最も本質的な要素と解される（下線部は当職ら）。

【租税特別措置法】

第66条の4第2項[6]　前項に規定する独立企業間価格とは，国外関連取引が次の各号に掲げる取引のいずれに該当するかに応じ当該各号に定める方法のうち，当該国外関連取引の内容及び当該国外関連取引の当事者が果たす機能その他の事情を勘案して，当該国外関連取引が<u>独立の事業者の間で通常の取引の条件に従つて行われるとした場合に当該国外関連取引につき支払われるべき対価の額を算定するための最も適切な方法により算定した金額</u>をいう。

つまり，独立企業間価格の算定方法は，独立の事業者間で通常の取引の条件に従って行われるとした場合の価格を算定するためのものであるから，その趣旨からして，関連者間取引を比較対象取引とすることは想定されていない。

以上からすれば，関連者間取引を比較対象取引とすることは，独立企業原則に反し，TNMMの考え方からは乖離している不合理な方法と解される。

イ　準ずる方法と要件の緩和

また，法律に定められた比較可能性の要件を満たさないということは，当該算定方法の考え方によっては独立企業間価格を算定できない場合であるということである。したがって，比較可能性の要件を緩和するというこ

6　条文検索と確認の手間をとらせないよう，読み手の立場に立ち，すぐに引用しておきたい。注目してほしいところに下線を引くと，こちらの主張がわかりやすくなる。

とは当該算定方法の考え方から乖離し，租税法律主義に違反する疑いがある。したがって，準ずる方法を用いることによって，法律に定められたTNMMの比較可能性の要件を満たさない範囲にまで，比較可能性の要件を緩和させ，比較対象取引の選定の範囲を広げていくことはできないものと解される。

　上記アのとおり，非関連者取引を比較対象取引としないという要件は，比較可能性以前の，TNMMの本質的な要素であるから，準ずる方法であっても，この要件を緩和することは許されないと考えられる。

2　差異調整の是非

　では，関連者間取引が一部含まれていても，TNMMにおける「売手の果たす機能その他」における差異と同じように，最終的な売上高営業利益率に与える影響が客観的に明らかでない，又は，影響が明らかであっても調整可能であれば構わないといった考え方は，どうであろうか。TNMMの考え方から乖離しない合理的な方法といえるか。

7

　条文上，TNMMも，比較対象取引が非関連者に対して販売した取引であることを前提として，「売手の果たす機能その他」における差異の調整を行うと規定されている。したがって，このような条文の構造からして，差異の調整の問題として，関連者間取引であることによる影響を排除することは想定されていない。また，通達にもそのような調整に係る定めは見当たらない。一部関連者間取引が含まれていても，売上高営業利益率に与

7　段落ごとに意味のかたまりとなっているが，さらに1行空けると視覚的にも意味のかたまりが見てとれやすくなる。ただし，このあたりは法律文書で意味もなく1行空いているものを好まない読み手も一定数いるため，想定される読み手や状況によっての使い分けが必要となる。

える影響が客観的に明らかでなければ構わないという考え方は，影響の程度はともあれ，一部分については関連者間取引を比較対象取引として取り入れているのであるから，そもそも独立企業原則の考え方とは相容れないものである。[8]

　そうすると，関連者間取引が一部含まれていても，最終的な売上高営業利益率に与える影響が客観的に明らかではない，又は，影響が明らかであっても調整可能であれば構わないという考え方についても，TNMMの考え方から乖離する不合理な方法と考えられる。

3　結　論

　以上のとおり，一部関連者間取引が含まれているものも比較対象取引として扱った上で，差異の調整を行うという考え方は，TNMMの考え方から乖離しない合理的な方法とはいえず，TNMMに「準ずる方法」とはいえない。

（以下余白）

8　読みやすさの観点から行間を設けるときは，一定のルールに基づいて行う。ここでは一定の意味のまとまりごとに設けている。

【ポイント】

　当局側の見解が条文ないし条文解釈から導けないことを論理的に示すことが求められる。その際，「準ずる方法」につき判示した裁判例が存在するため，そこを出発点とするとよい。TNMMの考え方の"本質的な要素"とのキーワード，判断基準を用いることが本意見書の論理構造の核の部分となっている。

　確定した判例や権威の文献等から抽出することのできない新しい発想であるため，それが正解というわけではないが，未知で未確定の論点についてはこのような発想ができるかどうかが，説得的な意見書を作成する上ではカギとなってくる。この種の新規の主張は，あまりに奇抜で独善的な発想であるとかえって信頼性を損なうため，そうならないように常に条文の文言との対比，趣旨との関係を意識した上で行うことを心がけたい。

(2) 「不相当に高額な部分」（法人税法34条2項）の有無

【意見書作成依頼までの経緯】

　内国法人であるA社は，○○○業において急成長を遂げ，国内において
ほぼ独占的に同業務を行い，莫大な利益を本件各事業年度において上げて
いた。同社は，これに貢献のあった代表取締役Bに対して，営業利益の
15％に当たる役員給与を，本件各事業年度の定時株主総会の決議を経た上
で支給していた。同役員給与は高額な営業利益に比例して，高額なものと
なっていた。A社としては，貢献のあったBへの相当額の報酬の支払いに
つき内部的には全く違和感はないものの，税務的には支給額が急激に増加
し高額となっていたことから否認のリスクが懸念されたため，あなたの税
理士法人に相談することとなった。

　あなたの税理士法人との税務相談を通じ，A社は，懸念点を税務調査で
問題にされる前に，あらかじめA社としての税務ポジションを整理し，万
が一の場合にはA社側の見解を説明できる資料として外部専門家に税務意
見書を作成してもらい，かつそれを裏付ける疎明資料まで準備しておいた
方がよいということになった。A社は，あなたの税理士法人に当該意見書
の作成を依頼した。

【設例】

　税務調査に向けて，上記給与に，法人税法34条2項に規定する「不相当
に高額な部分」が含まれているかについての報告書を，6か月以内を目安
に作成せよ。

【報告書例】

報　告　書

令和●年●月●日

株式会社Ａ　御中

●●●税理士法人

代表　公認会計士・税理士　●●　●●

公認会計士・税理士　●●　●●

税理士　●●　●●

第一　本報告書の目的

　本報告書は，貴社が，令和●年3月期から令和●年3月期までの各事業
年度において，貴社の代表取締役であるＢ氏に対する役員給与（以下「代
表取締役給与」という。）の額のうちに，法人税法34条2項に規定する
「不相当に高額な部分の金額」を含むものであるか否か及びその額につき
調査及び検討を行った結果を報告するものである。

　なお，本報告書は，貴社から得られた資料・インタビューにより得た事
実が真実かつ正確であることを前提として行った検討の結果を報告するも
のであり，当該資料等の真実性及び正確性に対する貴社の保証及び当該内
容を裏付ける証拠の存在を条件としてなされているものである。[1]　した

　　1　実際の裁判では，証拠不十分で前提とした事実が認定されない，ある
いは証拠評価が分かれ異なる事実が認定される可能性もあるため，このよ
うな記載は不可欠である。

がって，当該前提が成立しないとした場合又は当該条件が充足されない場合には，当然に本報告書に記載された検討の結果は変更されうるものであることにご留意されたい。

　また，本報告書に記されている内容は，将来における課税当局，裁判所その他官公庁等の判断を保証したものではなく，本書面は貴社が予定されている行動を行うべきか否かについての助言ではない。したがって弊所は，貴社が本見解に沿って行動した場合における税務上の安全性を保証するものではないことに留意されたい。[2]

第二　法人税法34条2項について

　法人税法34条2項は，内国法人がその役員に対して支給する給与の額のうち不相当に高額な部分の金額として政令で定める金額は，その内国法人の各事業年度の所得の金額の計算上，損金の額に算入しない旨を定めているところ，この規定の趣旨は，役員給与は役務の対価として企業会計上は損金の額に算入されるべきものであるが，課税の公平性を確保する観点から，役務の対価として一般に相当と認められる範囲の役員報酬に限り，必要経費として損金算入を認め，それを超える部分の金額については損金算入を認めないことによって，役員報酬を恣意的に決定することを排除し，実体に即した適正な課税を行うことにあると解されている（東京高判平成29年2月23日税務訴訟資料267号順号12981）。

　そして，法人税法施行令70条1号は，法人税法34条2項の規定を受けて，「不相当に高額な部分の金額」は，以下の①及び②の基準による金額のうち，いずれか多い金額とする旨定めている。[3]

2　無用な責任問題の発生を防止するために記載する，常套文である。
3　①は本件では関係ないものの，判断基準全体を示すため簡単でよいので触れておきたい。

① 形式基準[4]

　定款の規定又は株主総会，社員総会若しくはこれらに準ずるものの決議により，役員に対する給与として支給することができる金銭の額の限度額若しくは算定方法又は金銭以外の資産の内容を定めている法人が，各事業年度において，その役員に対して支給した給与の額の合計額が，その事業年度の限度額及びその算定方法により算定された金額並びに支給対象資産の支給時の時価の合計額を超える場合には，その超える部分の金額。

② 実質基準[4']

　役員給与の額が，その役員の職務の内容，その法人の収益及び使用人の給与の支給状況，その法人と同種の事業を営む法人でその事業規模が類似するものの役員給与の支給状況等に照らし，その役員の職務に対する対価として相当であると認められる金額を超える場合には，その超える部分の金額。

　そこで，本件各事業年度における代表取締役給与の額のうちに「不相当に高額な部分の金額」を含むものであるか否かについても，上記①及び②の基準によって検討をすべきこととなる。

　貴社が，本件各事業年度において代表に対して支給した代表取締役給与の金額は，各事業年度の定時株主総会の決議において代表取締役給与として支給することができる金銭の額として定めた金額を超えないことから，①の形式基準によれば，法人税法34条2項に規定する「不相当に高額な部分の金額」はないことになる。そこで以下では，②の実質基準による検討を行うこととする。

 4　複数の基準がある場合には，①，②などの記号で整理するとわかりやすくなる。

第三　実質基準による検討

1　類似法人の役員給与の支給状況について

　実質基準では，その役員の職務の内容や法人の収益及び使用人の給与の支給状況といった内部的な要素に加えて，その法人と同種の事業を営む法人でその事業規模が類似するもの（以下「類似法人」という。）の役員給与の支給状況という外部的な要素を考慮要素として挙げており，過去の裁判例においても，実質基準による検討において，何らかの形で類似法人の役員給与の支給状況が考慮されている。

　しかしながら，以下のとおり，本件各事業年度における貴社には類似法人が存在しないため，その役員給与の支給状況を考慮することはできない。

(1)　類似法人の意義について

ア　「同種の事業」の意義について[5]

　「同種の事業」の意義について明記した規定はないが，行政実務上ないし過去の裁判例においては，日本標準産業分類（総務庁・総務省）の分類項目によって「同種の事業」を判断していることが多い（熊本地判平成15年9月26日税務訴訟資料253号順号9448など）。

　また，過去の裁判例には，商品やサービスの内容，事業形態（外注比率など）の類似性を勘案した上で，「同種の事業」であるかを判断したものもある（東京地判平成22年9月10日税務訴訟資料260号順号11507など）。

　以上からすれば，「同種の事業」であるか否かについては，日本標準産業分類における分類が同一であることを前提としつつ，さらに商品やサービスの内容及び事業形態の類似性までを勘案して判断されるべきといえる。

　5　一つ一つ丁寧に法律概念を解きほぐしていきたい。

イ　「事業規模が類似する」の意義について

　「事業規模が類似する」の意義についても明記した規定はないが，行政実務上は，売上高，改定営業利益（役員給与控除前の営業利益）及び総資産等の法人の事業規模を示す要素について，対象法人の0.5倍以上2倍以下の法人を選定することが一般的であり（このような選定基準を「倍半基準」という。），裁判例においても，倍半基準による類似法人の抽出に一定の合理性があるとの判断がなされている（東京地判平成22年9月10日税務訴訟資料260号順号11507など）。

(2)　類似法人の存否について

ア　「同種の事業を営む法人」について

　まず**6**，日本標準産業分類（平成26年4月1日施行版）によれば，貴社は，大分類として「大分類●」に分類され，中分類として「中分類▲」に分類され，さらに，小分類として「小分類■」に分類される。

　次に**6'**，貴社は，本件各事業年度においては，ほぼ○○○及びそれに附帯する業務（以下「○○○業務」という。）のみを行っており，他の業務は行っていない。

　そこで**6''**，貴社と「同種の事業を営む法人」とは，主に○○○業務を行っている株式会社をいうものと解すべきである。

イ　「事業規模が類似するもの」について

　以下では，主に○○○業務を行っている株式会社の中で，貴社と「事業規模が類似するもの」が存在するか否かにつき検討する。

 　6　まず，次に，そこで，といった接続詞をうまく活用して論証の流れを示す。

136

　貴社の本件各事業年度における売上高，従業員数[7]は以下のとおりである。

<略>

　これに対し，貴社と同じ小分類に分類される株式会社のうち公表されている売上高の大きい上位15社の売上高，従業員数は以下のとおりで，いずれの指標からしても，貴社の0.5倍以上の会社は存在しないことがわかる。

<略>

　しかも，上位15社のうち，○○○業務を行っているのは，Ｃ社のみであることが各社のホームページ等から認められる。そうすると，貴社と「同種の事業を営む法人」の中で，貴社と「事業規模が類似するもの」は存在しないということができる。

2　役員の職務の内容・法人の収益及び使用人の給与の支給状況について
　上記のとおり，本件各事業年度における貴社には類似法人が存在せず，その役員給与の支給状況を考慮することはできないため，実質基準による判断をするためには，代表の職務の内容，貴社の収益及び使用人の給与の支給状況という内部的要素から，代表の職務に対する対価として相当であると認められる金額を算定する必要があることとなる。
　この点，過去の裁判例においては，[8]処分の対象となった事業年度より

　7　できるだけ客観的な数値を使って比較していきたい。
　8　この種の税務意見書の価値は，ここでどのような裁判例に着目し，どのような考慮要素を抽出できるかにある。

前の事業年度を基準事業年度として，処分の対象となった事業年度における売上高，売上総利益及び使用人に対する給与の支給額の基準事業年度からの増減割合と，役員給与（平成18年の法人税法改正前においては役員報酬。以下同じ。）の支給額の基準事業年度からの増減割合の比較をすることによって役員給与の中に「不相当に高額な部分の金額」を含むか否かの検証をしているものが多く見られ（名古屋地判平成11年5月17日税務訴訟資料242号602頁，名古屋地判平成8年3月27日税務訴訟資料215号1131頁など），さらには「（役員）報酬の決定に当たっては，……原告の売上金額の増加（約1.43倍）を基本とし，これに売上総利益の増加（約2.25倍）を加味して行うのが最も合理的と考えられる」とした上で，「前年度の1.5倍までの範囲で増額がされた場合には，相当な報酬の範囲内にあるものといえる。」と判断したものもある（名古屋高判平成7年3月30日税務訴訟資料208号1081頁（原審：名古屋地判平成6年6月15日税務訴訟資料201号485頁））。

　そこで，貴社について，本件各事業年度の前事業年度を基準事業年度（以下「本件基準事業年度」という。）として，本件各事業年度における売上高，役員給与控除前営業利益及び使用人に対する給与の支給額の本件基準事業年度からの増減割合[9]と，代表取締役給与の支給額の本件基準事業年度からの増減割合を比較すると以下のとおりであり，売上高，役員給与控除前営業利益及び使用人に対する給与の支給額の増加割合は，いずれも代表取締役給与の支給額の増加割合を大幅に上回っていることがわかる。

<略>

9　比較する指標はできるだけ恣意的でないものを選びたい。

　そうすると，本件各事業年度における代表取締役給与は，いずれも代表の職務の対価として相当であると言えそうにも思われるが，本件各事業年度における代表取締役給与の金額が過去の裁判例における事案と比較しても格段に高いことや，貴社が本件各事業年度中に急成長を遂げており，その点においても過去の裁判例における事案とは事情を異にすることからすると，より綿密に代表の職務に対する対価として相当であると認められる金額を算定することが望ましいものと考えられる。

　そこで，以下では，貴社の本件各事業年度における収益の状況を概観した後，役員給与控除前営業利益の増減要因について分析をし，その上で，その利益の増減に対して代表の職務がどのように貢献したかを評価することにより，代表の職務に対する対価として相当であると認められる金額を算定することとする。10

<略>

第四　結　論11

　以上のとおり，本件各事業年度における代表の職務に対する対価として相当であると認められる金額は，少なくとも別紙の算定の金額を上回るものと考えられることから，本件各事業年度の代表取締役給与の額のうちに法人税法34条2項に規定する「不相当に高額な部分の金額」を含むとしても，その額は別紙の「不相当に高額な部分の金額」欄の金額を超えないものと考えられる。

10　分析の方向性を示すと，展開が予想でき，読み手としては理解しやすくなる。

11　法律文書では必ず結論を設けたい。できるだけ簡潔なものがよいが，ここだけを読んでもある程度エッセンスが伝わるようにしておきたい。

［別紙］

基準事業年度を第Ｘ期とする。　　　　　　　　　　　（単位：千円）

	X＋1期	X＋2期	X＋3期	X＋4期	X＋5期
役員給与控除前営業利益の増減	50,000	40,000	30,000	40,000	50,000
① 要因 a による増減	20,000	20,000	10,000	20,000	20,000
② 要因 b による増減	20,000	10,000	10,000	10,000	20,000
③ 要因 c による増減	10,000	10,000	10,000	10,000	10,000
④ 代表の貢献による増減 （①×30％＋②×20％＋③×10％）	11,000	9,000	6,000	9,000	11,000
代表の役員報酬相当額 （X期の役員報酬額：30,000＋④）	41,000	39,000	36,000	39,000	41,000
実際支給額	36,000	37,000	38,000	39,000	40,000
不相当に高額な部分の金額	-	-	2,000	-	-

以上

【ポイント】

　法人税法34条2項に規定する「不相当に高額な部分」については，多くの裁判例が存在することから，これらをうまく整理した上で活用することが重要となる。類似法人が抽出できないこと，内部的要素や役員の貢献の程度から見て不相当に高額といえないことを，できるだけ客観的なデータと疎明資料を用いて示せるかがカギとなる。

　税務調査を意識した意見書であることから，業界に疎い調査官であっても理解しやすい形で売上等への貢献等を丁寧に説明していきたい。

(3)　非上場会社株式の法人税法上の時価

【意見書作成依頼までの経緯】

　非上場会社であるＡ社は，議決権割合が25％以上となる特殊関係グループに属する同族株主に対して新株を発行することを予定しており，税務上問題のない金額でこれを発行したいと考えている。Ａ社の株式については近年売買実例はなく，またＡ社には事業の種類・規模・収益の状況等が類似する法人も特段見当たらない。

　Ａ社は，税理士であるあなたに相談し，Ａ社が新株を発行する際の法人税法上の株式の時価の算定方法につき，書面で回答することを依頼した。

【設例】

　Ａ社が新株を発行する際の法人税法上の株式の時価の算定方法について1週間以内を目安に回答書を作成せよ。

【回答書例】

ご質問　＜略＞

回　答[1]　「純資産価額等を参酌して通常取引されると認められる価額」
（法人税基本通達 9 － 1 － 13(4)）あるいは財産評価基本通達に
定める純資産価額方式に一定の修正を加えたもの（いわゆる時
価純資産価額方式）によって評価されるものと解される。

理　由　　法人税基本通達 9 － 1 － 13(4)は，非上場株式の価額について，
売買実例がなく，発行法人と事業の種類・規模・収益の状況等
が類似する法人がないときには，原則として「当該事業年度終
了の日又は同日に最も近い日におけるその株式の発行法人の事
業年度終了の時における 1 株当たりの純資産価額等を参酌して
通常取引されると認められる価額」[2] とすることを定めている。
　　　　また，同通達 9 － 1 － 14は，その特例として財産評価基本通
達の≪取引相場のない株式の評価≫の例によって算定した価額
によっているときは，課税上弊害がない限り，次によることを
条件として，これを認めると定めており，条件として，たとえ
ば①議決権割合が25％以上となる特殊関係グループに属する同
族株主が保有する株式については常に「小会社」として評価す

1　顧問先などからの単発の質問に対しては，この程度の分量で端的に，
かつ迅速に対応することが求められる。
2　通達を読み返さなくて済むように，本回答書のみで一読了解できるよ
うにしておきたい。

べきこと（純資産価額方式），②土地（借地権を含む。）と上場有価証券については市場価額によって評価すべきこと（いわゆる時価純資産価額方式）が挙げられている。

　これらの通達の前身となる平成12年改正前の旧法人税基本通達9－1－14(4)と9－1－15の定め[3]については，最3小判平成18年1月24日判時1923号20頁（いわゆる「オウブンシャホールディング事件」）においても，「法人の収益の額を算定する前提として株式の価額を評価する場合においても合理性を有するものとして妥当するというべきである」と判示されており，上記記述部分についてはその内容面で変更が見られないことからすれば，かかる通達の解釈は今日においても法人税法の解釈として妥当するものと解される。

　そうするとご質問のケースでは，発行会社において近年の売買実例はなく，事業の種類・規模・収益の状況等が類似する法人もないということであると，株式の価額の算定方式としては法人税基本通達9－1－13により原則として「純資産価額等を参酌して通常取引されると認められる価額」に，また新株を引き受ける予定の者が，議決権割合が25％以上となる特殊関係グループに属する同族株主であるということであれば，財産評価基本通達に従う特例的な評価方式をとるとしても時価純資産価額方式によらざるを得ないということになるものと思われる。

以上

　3　税法やこれに関する通達は頻繁に改正が入るため，どの時点での法令，通達かは常に意識したい。

【ポイント】

　課税実務の確認が目的であることから，端的に結論と理由を論理的な文章によって示すことが求められる。

⑷　残余利益分割法（移転価格）が合理的とされた裁判例

【意見書作成依頼までの経緯】

　X社は，国外関連取引の独立企業間価格の算定方法として，残余利益分割法の導入を検討している。X社は，同法による算定を是認した判決（東京高判令和元年7月9日税務訴訟資料269号順号13292）の存在を知るに至り，あなたの事務所を訪れ，同判決をX社の実務に役立つ形で分析してほしい旨，依頼した。

【設例】

　同判決で提出された証拠を裁判所で閲覧し，同判決中の事実認定との関係にも言及しながら，X社の国外関連取引の独立企業間価格の算定方法の確立と，疎明資料の作成等に資する報告書を3か月以内に作成せよ。

【報告書例】

令和●年●月●日

X株式会社　御中

弁護士　●●　●●
弁護士　●●　●●
税理士　●●　●●

残余利益分割法が合理的とされた裁判例の分析
（東京高判令和元年7月9日税務訴訟資料269号順号13292）

一　対象となった国外関連取引

1　対象事業年度

平成●●年●月期～平成●●年●月期

2　対象取引[1]

①　●●に対し，○○に係る製造ノウハウ等の無形資産の使用を許諾するとともに，技術訓練，技術指導等の役務を提供する取引

②　▲▲に対し，○○薬品に係る製造ノウハウ等の無形資産の使用を許諾するとともに，技術訓練，技術指導等の役務を提供する取引

1　この内容に誤解があると，実務的には致命的になりかねないため，正確に引用したい。

二 判断のポイント

1 独立企業間価格の算定方法

(1) 算定の単位

ア 判断基準

　独立企業間価格の算定方法を定めるにあたり，本判決は，まず算定の単位（それは同時に比較可能性の判断の単位ともなる。）を問題とし，判断基準として次のような規範（ルール）を打ち立てています。

　すなわち，独立企業間価格は，対象となる国外関連取引が非関連者間で，同様の状況の下で行われた場合に成立するであろう合意に係る価格をいうのであるから，その算定は，納税者による取引の方法を尊重し，原則として，個別の取引ごとに行われるべきであるとした上で，「個々の取引が密接に結びついている又は継続的に行われているため，これらを個別に見たのでは，その価格を適正に評価することができないような場合には，これら取引を一の取引として独立企業間価格を算定し，比較可能性の判断もそのように一の取引として評価された取引ごとに行うことが合理的である[2]」〔措置法通達66の4(3)-1（現66の4(4)-1）参照〕（下線部は弊職ら。以下同じ。）としています。「そして，そのように複数の取引を一の取引として独立企業間価格を算定し，比較可能性の判断を行うことが合理的な場合に当たるか否かの判断は，単に，事実として個々の取引が密接に結びついているか否か，継続的に行われているか否かという点から行うのではなく，そのような事実が当該国外関連取引における価格設定に影響を与えるものであるか否かをも重要な要素として判断するのが相当である。」と判示しています。

---

 [2] 読み手の関心事項に直結する重要な箇所は，下線等で強調しておきたい。

つまり，算定単位の原則は納税者が行っている個々の取引であるが，個々の取引が密接に結びついている又は継続的に行われていることで，これを個別に見たのではその価格を適正に評価することができないような場合には，価格設定に影響を与え合っている取引全体をまとめて一の取引として扱い，その一の取引ごとに算定するといった判断基準（ルール）を採用しています。

原則：個々の取引ごとに [3]

例外：個々の取引ごとに見たのでは価格を適正に評価できない場合には，適正に評価できる個々の取引のまとまりを一の取引と見る。

<判断要素>
- 個々の取引が密接に結びついている又は継続的に行われているか。
- 個々の取引がそれぞれの価格設定に影響を与え合っているか。

イ　本件国外関連取引へのあてはめ

その上で，本判決は，本件国外関連取引につき，次のような事実を指摘し，上記例外の場合にあてはまるとして，対象取引全体（A社及びB社それぞれに対する複数の○○薬品に係る製造ノウハウ等の使用許諾取引及び技術訓練等の役務提供取引）を一の取引とするのが合理的であるとの結論を導いています。

3　読み手の理解を促進するため，このようなまとめの記載があってもよい。

ポイント1　○○薬品の特徴

（認定された事実）

- 「<u>控訴人グループが開発供給する○○プロセスにおいては，一般に，**前処理剤等を含む複数の○○薬品がプロセスとして使用されることにより△△加工が完成することが多く**</u>（乙71, 75, 80, 81），[4]単一の○○薬品のみで△△加工の目的を達するとは限らない。」

- 「○○薬品は製品ごとに特徴があり，需要用途に応じて各特徴により製品の優位性を示すことができるケースが多いため，控訴人グループの営業戦略上，<u>**品揃えは重要な意味を有している**</u>（乙28）。」

（裁判所による事実評価）

　さまざまな機能を有する△△加工を実現でき○○プロセスごとに提供できること，複数の○○薬品の製造ノウハウ等の使用許諾を得て顧客の多様な要望に応えられるさまざまな△△加工を実現できることは，○○薬品の製造販売事業の付加価値を高めている。当該付加価値は当然に取引の価格に反映される。

ポイント2　控訴人グループの事業内容

（認定された事実）[5]

- 「<u>控訴人グループは，先端的○○技術をトータルに提供する開発提案型企業を標榜し，○○薬品の開発・販売のみならず，**顧客に対して装置，制御システムに至るまでを一貫して提案・供給する体制をとっており**</u>

CHECK POINT　　**4**　認定事実と，その根拠となった証拠番号の対応関係は価値が高い。裁判所はどのような証拠を重視して事実認定を行っているかがわかる。

5　依頼者の国外関連取引との違いを明確にするため，詳細に示す必要がある。

〔前記(1)ア〕，顧客が考える△△処理に合うように相談に応じることを含め，○○の出来上がりまでを顧客への提供の対象としている（乙28）。その中で，控訴人は，△△技術の研究と開発を行うCRL（中央研究所）を有し，○○薬品の開発だけでなく，○○・△△技術の研究やシステム開発等を行っており〔前記(1)ア〕，例えば，A社の顧客において○○加工の工程に問題が生じた際には，中央研究所の技術者をA社及びその顧客先に派遣し，技術サポートをするなどして（乙76～79，82，92），控訴人グループが○○加工の工程管理を含む顧客のニーズに対応するに当たって必要な技術やノウハウを提供している。」

「控訴人の有する○○薬品等の製造等に係る技術情報は，薬品等のノウハウの開示を受けることによってのみならず，技術訓練や支援等の役務提供を通じて控訴人の国外関連者に対して提供され，それらの対価としてロイヤルティが支払われている。」

(裁判所による事実評価)[6]

「製造ノウハウ等の開示・使用許諾に付随して技術支援等を受ける役務取引と上記複数の○○薬品の製造ノウハウ等についての使用許諾取引が結びつくことによって，当該取引には更なる付加価値が生まれる。」このような付加価値は当然に取引の価格に反映され，価格設定（ロイヤルティ料率）に影響を与える。

6　事実と事実評価は異なる。

ポイント 3　個々の製品のコストの多寡等を捨象した一律の価格設定
（認定された事実）

- 控訴人とＡ社は，Ａ旧契約書（甲19の1・2，乙22）及びＡ新契約書
（甲28の1・2，乙23，24）等によって，「**製品ごとの技術の先進性や開発コストの多寡などは捨象し，一律に対象となる○○薬品の正味製造価格又は純販売価格の○％を対価とすることを合意しており**，控訴人は，本件各事業年度において，かかる合意に基づき個別の製品のノウハウ等の開示，使用許諾をした」。

　「しかも，**上記対価は，個別の○○薬品ごとに対象となる製造ノウハウ等の無形資産の価値を算定して定められたものではなく，控訴人の研究開発費をＡ社が受益者として応分に負担するという観点から，Ａ社の財務状況や，★★当局による規制等を踏まえて定められたものであった**」（甲63，67，68，103，乙24，27，85の1の1・2，乙88，89など）。

「その上，控訴人によれば，Ａ新契約書の締結後に新たに製造ノウハウ等の使用許諾取引が開始される○○薬品があっても，ロイヤルティ料率の見直しは行われなかったというのである」。[7]

（裁判所による結論）

　「本件国外関連取引は以上のような性質を有するものであり，このような取引の対価を適正に算定するためには，個々の○○薬品に係る製造ノウハウ等の使用許諾取引ごとに取引を分解するのではなく，複数の○○薬品に関する製法，使用，管理等に関するノウハウが包括的に開示されるとともに，顧客先への技術支援に必要となる技術指導や技術者の派遣等の無形

　　7　どのような事実として認定しているかに注目したい。

資産の使用を伴った役務提供が不可分一体のものとして行われた取引として評価するのが相当である。」

　したがって，個別の○○薬品の製造ノウハウ等の使用許諾取引が独立のものであって，個別の○○薬品が価格設定の単位であったということはできない。

ウ　分　析[8]

　本判決は，個々の取引が結びつくことで付加価値が生じているかどうかという点に着目し，付加価値の増加は必ず価格に反映されるため，適正な価格算定のためには，付加価値を生じさせ合っている取引全体を一つの取引単位として独立企業間価格を算定・比較すべきであると判断しています。たとえば，単体の取引ではそれぞれ100の価格設定が適正である取引Ａ・取引Ｂ・取引Ｃがあった場合に，三つ同時に行われれば200の付加価値が発生し500の価格設定が適正であるとすると，取引単位としては，同時に行われている個別取引をまとめて一つの単位として扱わなければ，各取引が適正価格かどうかの検証を行うことはできないことから，このような判断は合理的なものといえます。

　本件国外関連取引では，○○薬品の特徴，特に△△加工では，複数の○○薬品を使用することがほとんどであること（ポイント１），技術支援による最終的な仕上げまでのフォローを含めてパッケージとして提供する取引となっていたこと（ポイント２），それらがいずれも付加価値を高めていることから，これら複数の○○薬品に係る製造ノウハウ等の使用許諾取引及び技術訓練等の役務提供取引を一の取引として扱う旨判示していま

CHECK POINT

8　判決の内容や訴訟資料を整理してまとめるだけでなく，専門家としてその内容をどのように分析できるのかを必ず示す。分析は意見書の読み手を意識して，その関心に沿えるような形で行いたい。

すが，その判断は支持できるものといえます。なお，個別の○○薬品ごとに異なる料率となっていなかった点（ポイント3）は，控訴人としてもこれらを一の取引と見て価格設定を行っていたことを窺わせる事情として，かかる判断を側面から補強するものといえます。

　以上の点からすれば，同様の取引を行っている事業者が本判決と同じように取り扱われるためには，ポイント1〜3の点で控訴人と有意な差がないことを示す必要があります。ポイント1については課税庁としてもすでに把握している点であると思われることから，パッケージ型の取引であったこと（ポイント2），パッケージ型であることを前提に価格設定がなされていること（ポイント3）を示すことが効果的と考えられます。[9]

　なお，本判決で，ポイント2，ポイント3の事実認定を導いた主な証拠は次のとおりです。[10]

ポイント2（パッケージ型の取引であったこと）

証拠番号	内　容	立証趣旨
乙28	「『×××シリーズ製品の比較可能性に関する説明』に対する質問へのご説明」と題する書面　写し　平成●.●.●　控訴人	本証は，控訴人から本件調査担当者に提出された書面である。本証により，控訴人の研究開発活動の内容を明らかにする。

CHECK POINT

9　具体的な対策の提案としてどのようなものが挙げられるかも，税務意見書としての価値を高める要素の一つである。

10　疎明資料を準備する上で価値ある参考資料になる。移転価格の裁判では閲覧制限がかかることがほとんどであるため，詳細まではわからないことが多いものの，立証趣旨と書面の種類，おおよその記載内容がわかれ

乙76	海外出張報告書　写し 平成●.●.●　●●　●●	本証は，控訴人の中央研究所の開発部門の従業員が，★★出張に際して作成した報告書である。本証により，控訴人の従業員が技術指導を行っていたこと，★★において，A社新契約書に記載される以前から，□□製品が取り扱われていたこと，★★市場を重視していたこと等を明らかにする。
乙77	海外出張報告書　写し 平成●.●.●　●●　●●	同上
乙78	稟議書　写し　平成●.●.● 控訴人	本証は，控訴人の中央研究所の開発部門の従業員が，★★に出張するために作成した稟議書である。本証により，控訴人の従業員による支援活動が重要であったこと等を明らかにする。
乙79	稟議書　写し　平成●.●.● 控訴人	同上
乙82	稟議書　写し　平成●.●.● 控訴人	同上

CHECK
POINT　ば，自社の対策を立てるには十分有意義な資料といえる。

乙92	★★出張報告書　写し 平成●.●.●　●●　●●	本証は，控訴人の従業員が作成した文書である。本証により，控訴人によるＡ社の支援が重要であったこと等を明らかにする。

ポイント3（パッケージ型であることを前提とした価格設定）[11]

証拠番号	内　　容	立証趣旨
甲19 乙22	ノウハウ・ライセンス契約書原本　平成●.●.●.　控訴人及びＡ社	控訴人及びＡ社旧契約の内容を立証する。
甲28 乙23	技術提携及びライセンス契約書　原本　平成●.●.●. 控訴人及びＡ社	控訴人及びＡ社新契約の内容を立証する。
甲63〜68	△△△海外処方開示承認申請書　写し　平成●.●.●　控訴人	×××が，Ａ社に対して，他の製品とは独立に平成●年●月●日に開示の決定がなされていること。×××の製造方法は単純であること。×××は，その原料の配合がノウハウであること。

CHECK POINT　11　ポイントごとに証拠を整理することで証拠と認定事実との関係がより鮮明になる。

甲103	調査経過書　写し 平成●.●.●　●●国税局調査担当者	＜略＞
乙24	「ご依頼資料の提出について」と題する書面　写し 平成●.●.●　控訴人	本証は，本件の異議調査において控訴人から提出された書面である。本証により，A社新契約書を取り交わすに至る経過を明らかにする。
乙27	パンフレット　写し　不明 控訴人	本証は，控訴人が作成した控訴人の概要等を案内するパンフレットである。本証により，控訴人が重要な無形資産を有している事実を立証する。
乙85の1	「本社技術権利金支払問題について」と題する書面　写し 平成●.●.●　●●　●●	＜略＞
乙85の6	「△△製品研究開発費負担に関する件」と題する書面　写し 平成●.●.●　控訴人	控訴人の研究開発費についてA社の応分負担額を決める際の検討経過等を明らかにする。

乙88	「A社／C社間Royaltyと研究開発費負担問題に係る経緯と当社の見解」と題する書面　写し 平成●.●.●　●●　●●	本証は，控訴人の従業員が作成した文書である。本証により，A社新契約書締結以前から，A社旧契約書に記載のない製品が開示されていたこと等を明らかにする。
乙89	業務報告書　写し 平成●.●.●　●●　●●	同上

(2)　**本件国外関連取引に係る比較対象取引の有無**

　本判決は，本件国外関連取引については，控訴人グループ特有の製品開発・供給体制を前提としていることから外部比較対象取引が存在するとは考えられず，控訴人の主張する内部比較対象取引（控訴人と非関連者との取引）についても，対象製品の種類の差異，製品の用途・技術サポートの差異，求められるユーザー対応を含む営業支援・技術支援の頻度と程度の差異から取引対象たる無形資産等が「同種」とはいえず，市場となる国・地域の差異，独占的権利か否かの差異，市場におけるシェアの差異から「同様の状況」にあるともいえず，比較対象取引とはならないとしています。

(3)　**残余利益分割法と同等の方法の適用の可否について**

　本判決は，以下を理由に，「本件国外関連取引については，控訴人及びその国外関連者が有する重要な無形資産が利益獲得に寄与していることか

らすれば，その独立企業間価格の算定には，基本的利益を配分した上で残余利益を重要な無形資産の価値に応じて配分する残余利益分割法と同等の方法を用いるのが合理的であるということができる」としています。

ア　無形資産の範囲

　まずは，残余利益分割法を適用する際に考慮すべき無形資産の範囲として，措置法通達66の4(2)-3の(8)（現66の4(8)-2）とこれを受けた平成13年6月1日付査調7-1ほか3課共同「移転価格事務運営要領の制定について（事務運営指針）」（平成18年3月20日付査調7-2ほか3課共同による改正後のもの）2-11（現3-12）の内容は合理的であると判示しています。

残余利益分割法の適用において考慮される無形資産（通達・事務運営指針12）

- 著作権
- 工業所有権（特許権等）
- 営業秘密
- 顧客リスト
- 販売網
- 経営，営業，生産，研究開発，販売促進等の活動によって形成された従業員等の能力，知識等の人的資源に関する無形資産
- プロセス，ネットワーク等の組織に関する無形資産

 12　本報告書のみを読んで，ポイントが理解できるようにしておく。

イ　本件国外関連取引へのあてはめ

　本判決は，以下の点で控訴人及び国外関連者の双方が控訴人ライセンス製品の製造，販売等による所得（利益）獲得に寄与する重要な無形資産を有しているとして，独立企業間価格の算定においては，残余利益分割法と同等の方法を用いるのが合理的であるとしています。[13]

　控訴人の重要な無形資産：

- 研究開発，海外支援体制の確立等の企業活動による，顧客のニーズに沿った○○薬品の開発。
- 研究開発活動により形成・維持・強化してきた一定の品揃えを伴った複数の○○薬品に関する製法，使用，管理等のノウハウ等。
- 国外関連者に対する○○薬品の製造，販売等に関する技術情報やノウハウの提供。
- 国外関連者やその顧客に対する技術支援も行うことによって，控訴人ライセンス製品に対する信用を形成，保持及び発展させていること。

　国外関連者の重要な無形資産：

- 控訴人からノウハウの提供や技術支援を受けながら，**顧客に対する営業及び技術サポート（24時間サポート体制，認定作業サポート等のサービス）を行うことで，**★★やASEAN諸国において**控訴人ライセンス製品を市場（日系企業を含む。）に浸透させて付加価値を創出し，その販売先となる顧客を開拓，維持していること。**
- **営業部門，技術サポート部門及び市場調査企画部門に相当程度のマン**

 13　裁判所が重要な無形資産であると認定したものについては，網羅的かつ具体的に記載する。

　　パワーを投入。

ウ　分　析[14]

　本判決は，国外関連者が顧客に対して行った営業や技術サポート，マーケティングも控訴人ライセンス製品の製造，販売等において超過利益を生み出しており，重要な無形資産として評価できるとし，本件国外関連取引の独立企業間価格の算定方法としては残余利益分割法と同等の方法が合理的と判示しています。仮に，国外関連者に超過利益を生み出すような販売ノウハウ等がないと評価されると，算定方法としては取引単位営業利益法（TNMM）の適用が選択肢にのぼってくるため，残余利益分割法を適用するためには，このような評価を導く事実の主張とそのような事実認定を可能とする証拠の提出を積極的に行うことが重要となってきます。

　このような評価を導く事実としては，①営業活動，技術サポート，マーケティング活動に相当程度の人員と時間をかけていること（国外関連者の活動実態），②①の結果，市場内で当該ライセンス製品が浸透し，顧客の開拓と維持がなされていること（国外関連者の実績）などが挙げられます。

　本判決で，このような事実認定を導いた主な証拠は次のとおりです。国外関連者の活動実態・実績については，陳述書や課税庁からの問い合わせに対する回答書の形で担当者が詳細に説明したものや，国外関連者の活動実績をまとめた文書（●●周年記念書）から認定されていることがわかります。

 14　読み手の立場に立って，ポイントを整理する。

証拠番号	内　容	立証趣旨
甲42	**陳述書**[15]　原本 平成●.●.●　　●●株式会社 専務取締役　　●●　●●	(1)　控訴人は，ロイヤルティ料率の業界水準は○％と判断し，関係会社，第三者にかかわらず，ロイヤルティ料率を一律に正味販売金額の○％とすることを基本方針としていること。 (2)　控訴人は，前処理剤や従来からの○○薬品について，第三者に，ロイヤルティを免除して製造ノウハウを開示していること。 (3)　A社旧契約の契約期間中は，A社は■■製品を控訴人から輸入していたのであって，製造していないこと。 (4)　ユーザーとの面談のための社員の海外派遣は，控訴人の利益になるかどうかを個別に検討して決定されていること（ライセンス契約上の義務としての役務提供ではないこと）。

15　判決文で事実認定の根拠とされた証拠については，強調や下線を付すなどして重要な証拠となったことを示す。

　⑸　Ａ社の技術レベルは高く，控訴人からの技術指導の程度は，相対的に低かったこと。

　⑹　乙76号証から乙79号証の出張は，Ａ社が輸入販売する製品に関するもので，○○薬品の製造ノウハウのライセンス取引に係るものではないこと。[16]

【内容】見出し等

1．○○薬品に関するノウハウライセンス契約とロイヤルティ料率

2．ロイヤルティを免除する取引

3．Ａ社の事業活動の独自性[17]

「★★のユーザーは，製造活動を自社内で完結するのではなく，日頃の生産活動から生産ラインのトラブル発生という非常時の処理に至るまで，できるだけ仕入先企業の支援を得て行いたいというニーズがあります。この点，生産活動や生産ラインのトラブル発生時の処理は社内で完結し技術を社内に蓄積したいと願う日本の企業とは全く異なります。Ａ社は，★★企業のこのようなニーズを的確にとらえ，Ａ社の社員がユーザーの現場で生産活動の一部の支援やトラブル発生時の処置を，要請があれば即時に行うという独自の技術サポートをユー

16　重要と思われる証拠の立証趣旨はできるだけ忠実に示す。

17　裁判所が着目したと思われる記載内容については具体的に示す。特に重要と思われる部分は下線で強調する。

	ザーに対して提供する体制を構築しました。A社の社員は，ユーザーの現場で○○液の濃度管理から○○槽の洗浄に至るまで行いますし，ユーザーの現場でトラブルが生じれば，24時間，何時でも対応しています。……」 4．海外エンドユーザーの訪問 5．A社に対する技術支援 　支援の程度が他の海外関連企業に対するほどには高くない 6．海外出張稟議書	
甲47	★★★　●●周年記念書 写し　平成●年　A社	A社設立の経緯，A社の事業内容，A社から控訴人に対して新製品のノウハウ使用許諾の依頼がなされた経緯等を立証する。
	【内容】見出し＜略＞[18]	
甲83	調査経過書　写し 平成●.●.●頃　●●国税局調査担当者	調査担当者は，平成●年●月●日，有価証券報告書を入手しており，その記載内容からA社の事業内容（○○薬品の仕入販売をしていた事実）を把握していたこと。

18　重要性が低いと思われるものは略して構わない。もっとも，依頼者が関心を示す可能性があるため，存在自体はわかるようにしておく。

乙27	パンフレット　写し　不明 控訴人	本証は，控訴人が作成した控訴人の概要等を案内するパンフレットである。本証により，控訴人が重要な無形資産を有している事実を立証する。
乙28	「『×××シリーズ製品の比較可能性に関する説明』に対する質問へのご説明」と題する書面　写し　平成●.●.● 控訴人	本証は，控訴人から本件調査担当者に提出された書面である。本証により，控訴人の研究開発活動の内容を明らかにする。
乙29	「『×××シリーズ製品の比較可能性に関する説明』に対する質問へのご説明」と題する書面　写し　平成●.●.● 控訴人	本証は，控訴人から本件調査担当者に提出された書面である。本証により，<u>★★におけるA社のマーケットシェア</u>を明らかにする。
乙30	「D社の部門別活動内容の説明」と題する書面　写し 平成●.●.●　控訴人	本証は，D社が<u>技術サポート部門を有していたこと</u>を明らかにする。
乙31	取引図　写し　平成●.●.● 調査担当者	本証は，本件調査担当者が作成した控訴人グループの取引図である。本証により，控訴人と控訴人の国外関連者の取引関係及び取引先を明らかにする。

| 乙33 | 用語集　写し　平成●　控訴人 | 本証は，控訴人が作成した用語集である。本証により，……が■■■を示すことを明らかにする。 |

2　本件国外関連取引に係る独立企業間価格の算定（残余利益分割法）[19]

⑴　分割対象利益

本判決は，本件国外関連取引に係る控訴人の営業利益と国外関連者（非関連者に販売する前に経由された別の国外関連者（D社）も含む。以下同じ。）の営業利益（＝収入金額−売上原価−販管費）の合計額を分割対象利益としています（予備的主張1（国外関連者の仕入販売取引に係る営業利益を除外して分割対象利益を再計算したもの）に関わる別表7ご参照）。

なお，控訴人の営業利益を算出する際には，本件各事業年度に支出された研究開発費（本件国外関連取引の対象となる○○薬品に係るものではなく将来のそれに係るもの）が控除されていますが，これについては研究開発費が製造原価ではなく期間対応費用である一般管理費として扱われていること，正確な対応は困難であること，年間額がおおむね一定であること，非関連者との取引においては無形資産自体の価値に加えて開発に係るリスク・費用等も勘案した上でその開示・使用許諾取引の対価の額が定められると解されることから，合理的な方法であると判示されています。

⑵　基本的利益[20]

本判決は，国外関連者の基本的利益について，比較対象法人（本件国外

19　具体的な算定方法を示す。
20　キーワードごとに判決を分析する。

関連取引の事業と同種の事業を営み，市場，事業規模等が類似する重要な無形資産を有しない法人）の総費用営業利益率又は売上高営業利益率を用いて算定しています（別表7）。控訴人の基本的利益が考慮されていないのは，被控訴人の主張どおり，控訴人の本件国外関連取引に係る事業活動は控訴人の重要な無形資産を使用して行われていることから，それによって得られる利益はすべて控訴人の重要な無形資産による利益であると裁判所も判断したためであると思われます。

　なお，比較対象法人の選定につき，「営業利益の水準で比較を行う方法の場合，営業利益の水準は，取引の当事者が果たす機能の差異によって影響を受けることがあるものの，事業を行う場合に遂行される機能の差異は，一般的に機能の遂行に伴い支出される販売費及び一般管理費の水準差として反映され，売上総利益（粗利益）の水準では大きな差があっても営業利益の水準では一定程度均衡すると考えられるため，当事者の果たす機能その他の差異が営業利益率に与える影響は限定され，営業利益指標の算定に影響を及ぼすことが客観的に明らかな差異が認められない限り，比較対象取引として採用することが可能であると考えられている」と述べています。また，「営業利益率は，製品（棚卸資産）自体の差異によって影響を受けにくい上，各比較対象企業の利益率の中央値を用いることにより，個別的差異はある程度捨象される」とし，○○薬品ではなく□□製品を主に扱う法人についても，「○○薬品，□□製品はいずれも化学工業（SIC：2800番台）であり，営業利益の水準を利益指標とする場合，取扱製品の違いにより重大な差異があるとは認められない」として，比較対象法人として選定することを認めています。

(3)　**残余利益の配分方法**[21]

　本判決は，残余利益を，控訴人については研究開発費のうち本件国外関連取引に関連して支出したと認められる部分，国外関連者については研究開発費又は営業技術関連費のうち本件国外関連取引に関連して支出したと認められる部分に応じて配分すること（別表7）は以下で述べるように合理的で（措置法通達66の4⑷-5注（現66の4⑸-4）参照），「所得の発生に寄与した程度を推測するに足りる要因」（措置法施行令39条の12第8項）に応じてなされていると評価しています。

　「残余利益を配分するために重要な無形資産の寄与の程度を把握する目的においては，必ずしも当該無形資産の絶対的な価値を把握するまでの必要はなく，その相対的な価値の割合を把握することで足りるといえ，控訴人のように毎年の研究開発費の支出額が大きく変動しない法人については，当該無形資産の取得原価や当該無形資産の形成・維持・発展の活動を反映する各期に支出した費用等の額による方法を用いることも許容されるものと解される。」

　「本件の超過利益に貢献しているA社の重要な無形資産は，<u>マーケティングの無形資産</u>ではあるものの，広告宣伝費等の費用により形成・維持されるものではなく，<u>顧客に対する手厚い技術的サポート体制を始めとする技術支援を通じて，形成・維持・強化されているもの</u>である。そして，<u>このような技術支援は，○○薬品に係る使用及び管理等のノウハウ等に基づくものであり，A社における技術サービスに係る研究開発活動の費用により形成・維持・強化されるもの</u>といえる。」[22]

21　依頼者の関心の高い部分であるため厚めに論じる。
22　特に重要な部分は強調を加える。強調部分をつなげれば文として完成するような形で行う。

「本件の超過利益に貢献している**控訴人の重要な無形資産も，○○薬品
の製造，使用及び管理等に係るノウハウ等であり**（A社は，原料の配合比
のノウハウを使用することで顧客のニーズに沿った○○薬品を製造して提
供することが可能になり，○○薬品の使用及び管理等に係るノウハウ等を
利用することで，顧客に対する手厚い技術支援を行うことが可能となって
いる。），**その研究開発活動によって形成・維持・強化がされているもの**と
認められる。」

「このように，控訴人及びA社の有する無形資産は，異質なものではな
く，いずれもその研究開発費の支出により形成・維持・強化されてきたも
のであるといえる。したがって，超過利益に対する無形資産の寄与の程度
を測るために，無形資産の形成・維持・強化の活動を反映する研究開発費
の額を用いることは，当該無形資産に密接に関連する客観的かつ定量的な
基準により，評価が困難な無形資産の価値を評価し比較しようとするもの
として合理性が認められる。」

(4) **分　析**[23]

本判決は，控訴人，国外関連者の保有する重要な無形資産を，○○薬品
の製造，使用及び管理等に係るノウハウ等，マーケティングの無形資産と
した上で，いずれも研究開発活動によって形成・維持・強化されているも
のであるから，それぞれの研究開発費等の額により超過利益を分割するこ
とは合理的であると結論付けています。かかる解釈は論理的で支持できる
ものです。

23　専門家として支持できる判示内容なのかを端的に示す。

【ポイント】

　X社の独立企業間価格の算定の実務，税務調査対応に資する形での分析であることから，できるだけ詳細な証拠と裁判所の事実認定との関係を示すことが大事である。

　他方，記述が詳細に及ぶとどの点が重要となるのかが読み手にわかりにくくなってしまうため，下線や強調，フォント，タイトル，段落分け，構成等で工夫することでこれを示せるようにしたい。上記の「分析」のようにまとめの項目を設けるのも有効である。

【証拠等の閲覧方法】

　裁判は公開が原則ゆえ（憲法82条），誰でも民事訴訟事件や行政訴訟事件の記録を閲覧できるようになっている（民事訴訟法91条，行政事件訴訟法7条）。更正処分の取消等の税務訴訟は行政訴訟事件の一つなので，税務訴訟の記録も誰でも閲覧できる。閲覧は事件が係属中であっても裁判所の執務に支障を生じさせない範囲であれば可能である。

　当事者や利害関係人であれば，謄写（コピー）や謄本等の交付を請求することもできる。利害関係のない第三者として閲覧する場合には，記録を保存している裁判所の閲覧室に認印と身分証明書を持参して赴き，備え付けてある閲覧謄写の申請書を提出し，定められた場所で定められた時間帯で閲覧することになる。東京地方裁判所の場合，1件につき150円の収入印紙が必要となる。事件記録の閲覧の準備には時間がかかるため，事前に担当の係に電話で問い合わせ，閲覧を希望する訴訟記録を特定し伝達しておけば，準備ができた段階で連絡がもらえるため便宜である。利害関係のない第三者として閲覧する場合，メモをとることは許されているが，閲覧

室にコピー機が備え付けてあったとしてもコピーまではできない。

　また，誰でも閲覧できるとはいえ，プライバシーや営業秘密の保護のため，当事者の請求により裁判所は訴訟記録を当事者以外に対して閲覧制限にかけることができる（民事訴訟法92条他）。閲覧制限がかかった部分は黒塗りで読めない状態で第三者は閲覧することになる。税務訴訟，特に移転価格などに関する税務訴訟においては提出書面や証拠書面等に営業秘密等が多数記載されていることが多く，ほとんど黒塗りで，固有名詞や取引内容，計算過程の部分などは訴訟記録を見ても何もわからないということもざらである。もっとも，そのような場合でも，閲覧可能な部分や証拠の立証趣旨についてまとめた証拠説明書などから，証拠の種類や記載内容をある程度は推測することが可能なこともある。

　訴訟記録の閲覧は，訴訟記録と判決内容とを照らし合わせることで，裁判所の証拠に基づく事実認定の傾向をより深く垣間見ることができるため，税法実務家にとっては有用な業務活動の一つといえる。

4　消　費　税

(1)　共通ポイントの仕入税額控除

【意見書作成依頼までの経緯】

　Xは，共通ポイント運営会社であるYの加盟店である。Xは，これまで
Xの顧客にポイントを付与したときにYに支払うポイント相当額分の金員
の支払いを課税取引として扱い，仕入税額控除を行ってきたが，今年度に
入ってYから当該支払いを不課税取引として扱ってほしいと依頼された。

　Xとしては，当該支払いは販促費として支払っているもので，これにつ
き仕入税額控除がとれないことに納得がいかず，顧問税理士のあなたのと
ころに相談し，Yの要求は課税実務に沿ったものなのか，課税取引として
行う道は残されていないのかにつき，税務意見書の作成を依頼した。

【設例】

　　顧客へのポイント付与時にXがYに支払うポイント相当額の金員の支払
　いは不課税取引か，課税取引と扱うには契約条件等をどのように変更すれ
　ばよいかにつき，1か月以内に税務意見書を作成せよ。

【意見書例】

第1　前提事実

<略>

第2　検討事項[1]

1　顧客へのポイント付与時にXがYに支払うポイント相当額の金員の支払いは不課税取引か

2　1が不課税取引として，課税取引と扱うにはどのように契約条件等を変更すればよいか

第3　検討結果[1']

1　不課税取引である。

2　役務提供内容を具体化し，これに対する相当な対価の金額を支払うことを規約等で明記する必要がある。その際，相当な対価であることを示せるように算定根拠も用意しておくことが望ましい。

第4　検討過程

1　ご相談事項1について

(1)　国税庁処理例

　ポイント運営会社による顧客への共通ポイント付与時に事業者である加盟店がポイント運営会社にポイント付与分の金銭を支払うケースにつき，

CHECK POINT　　　1　ナンバリングして検討事項と検討結果を対比させる。

国税庁は，当該支払いにつき対価性がないこと（不課税取引）を前提とした会計処理例を公表している（「共通ポイント制度を利用する事業者（加盟店Ａ）及びポイント会員の一般的な処理例」『国税庁ホームページ』https://www.nta.go.jp/law/joho-zeikaishaku/hojin/0019012-152.pdf（閲覧日2023/05/19））。同資料では「ポイント制度の規約等の内容によっては，消費税の課税取引に該当するケースも考えられる」といった記載があり，国税庁としては，対価性がないならば不課税取引であって，対価性があるかどうかはポイント制度の規約等の内容で判断するとの立場をとっていることがわかる。もっとも，対価性があることをどのように判断するのか，規約等でどのように定めれば対価性があるとされるかについては同資料では触れられておらず不分明である。以下では，上記ケースにおける加盟店の金員の支払いが不課税取引かどうかが争いとなった裁判例を取り上げ，この点につき分析することとする。

(2)　大阪高判令和３年９月29日税務訴訟資料271号順号13609

ア　事案の概要²

　裁判所により認定された事実関係の概要は次のとおり。

　(ア)　控訴人の提供していたサービス内容

　　控訴人は，近畿圏を中心に乗車カード機能をもつ非接触型ICカード（以下「本件ICカード」という。）を運用する，複数の鉄道・バス事業者で構成される協議会からの委託を受けて，同協議会の企画推進，総務，経理事務及びコンピュータによる計算業務をすること等を目的とした株式会社である。

　2　引用裁判例の射程を知り，前提事実との違いを明確化するためにも具体的に示したい。

174

控訴人は本件ICカードを発行し，利用契約を締結した会員（以下「本件会員」という。）に対して次のようなサービスを提供していた。[3]

① 旅客運賃及び商品購入代金等を決済するサービス（主に後払い方式（ポストペイ）による。）

② 本件ICカードを利用した場合に企業ポイント[*1]（以下「本件ポイント」という。）を付与するサービス（原則として利用金額100円につき1ポイント）

③ 本件会員が控訴人と提携する法人らの企業ポイントプログラム会員でもある場合（以下，当該会員を「双方会員」という。）に，提携法人が付与する企業ポイントと本件ポイントとを交換するサービス

④ ①でポストペイを選択した場合に，累積した本件ポイントに応じて旅客運賃額を自動的に控除する割引サービス（以下，当該控除を「本件ポイント還元」という。）。累積ポイントは月ごとに集計され，500ポイントあたり50円（1ポイント換算では0.1円）が控除される。交換単位に満たなかったポイントは翌月以降に繰り越される。ただし，集計の2年後の3月末日を経過すると失効する。

③のサービスの提供にあたり，控訴人は提携法人らから，以下のとおり，付与する本件ポイントに係る④割引額に等しい金員（1ポイントあたり0.1円）を支払う提携契約をそれぞれ締結し，実際にそのような支払いがなされていた。

---

 3 サービス内容は本件意見書の分析の核となる部分であるから，詳細に示す。

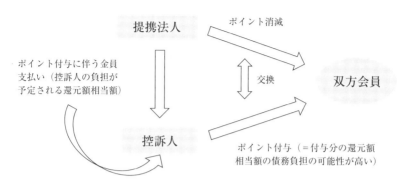

【交換比率と支払額計算式】[4]

| | 提携法人 | 交換単位 | 交換比率 | | 本件ポイント交換に伴う支払額 |
			本件ポイント	提携ポイント	
1	I	1	1	1	付与した500ポイントあたり50円
2	H	100	50	1	付与した10ポイントあたり1円
3	J	10,000	100,000	10,000	付与した100,000ポイントあたり10,000円
4	K	10,000	100,000	10,000	付与した1ポイントあたり0.1円
5～10	L～Q	略			付与した1ポイントあたり0.1円
11	R	500	4,500	500	付与した4,500ポイントあたり450円

※　1の交換は月ごとの集計の都度行われ，2～11の交換は，双方会員から提携法人
　　に対して本件ポイントへの交換の意思表示がされる都度行われていた。

4　表で一覧化したり，当事者関係図を示したりすることは，読み手の理
解を助け，効果的である。

⑷　本件通知処分及び争訟の経緯

　控訴人は，③のサービスの提供にあたって，提携法人が控訴人に支払っていた金員（以下「本件金員」という。）につき，消費税の課税標準である「課税資産の譲渡等の対価の額」（消費税法28条1項）に算入した上で，平成24年3月課税期間から平成28年3月課税期間（以下「本件各課税期間」という。）まで消費税等の確定申告を法定期限までに行った。

　控訴人は，本件各課税期間の消費税等につき，本件金員は課税資産の譲渡等の対価に該当しないこと等を理由に，所轄税務署長に更正の請求をした。しかしながら，いずれも更正をすべき理由がない旨の通知処分を受けた。そのため，これらを不服とする審査請求を行ったが，いずれもこれを棄却する旨の裁決を受けた。そこで，平成31年2月，本件金員が課税資産の譲渡等の対価の額に算入されるとされた部分につき，本件各通知処分の取消しを求めて本件訴えを提起した。原審では控訴人の請求はいずれも棄却された。

イ　争　点

　本件金員が消費税法2条1項8号[*2]に規定する「対価」に該当するか否か

ウ　原審の判旨[5]（表題は作成者）

　⑺　役務の提供（ポイントサービス対象への組み込み）と対応関係がある

　　5　控訴審で逆転していることから，原審の判旨内容をも示し，それぞれのロジックを対比させ，論証に深みを持たせたい。

　原告（控訴人）は，「本件各提携契約に基づき，提携法人に対し，ポイント交換がされた提携ポイントを保有していた双方会員に関し，当該提携ポイント数を基に所定の割合により算出した数の本件ポイントを付与し，もって，当該数の本件ポイントにつき原告の実施する本件ポイントサービス（略）の対象に組み込むことを内容とする役務を提供する債務を負うものであるということができ，しかも，本件金員は，原告によって当該債務（当該役務の提供）が行われることを条件として，原告において収受されるという対応関係にある。」したがって，本件金員は「対価」に該当する。

(イ)　**ポイント還元を受けられないこともあること等からすれば実費負担とはいえない[6]**

　「本件ポイントの有効期限は本件ポイントの月ごとの集計の2年後の3月末日である（略）ところ，双方会員が，ポイント交換後，当該有効期限内に，例えば，500ポイントを貯めることができなかった場合や，所定の地区内において利用した鉄道等の旅客運賃につきポストペイで決済しなかった場合等には，本件ポイント還元を受けることはできないのであって，その場合には，原告は，当該ポイント交換に係る本件ポイントに関して本件ポイント還元のための実費を支出する必要がないことになる（そして，本件金員が，原告が受任した本件ポイント還元のための実費であり，委任事務処理費用であるというのであれば，このような事態が生じた場合，提携法人から受領した本件金員のうち結果的に本件ポイント還元が行われなかった部分につき，当該提携法人に対して返還す

---

[6]　最も重要と思われる点を要約して表題にすることで理解を助ける。もっとも，意訳しすぎて趣旨を変えることがないように気をつけたい。

べきことになると思われるところ，本件各提携契約に係る契約書，合意書等に，その旨を定めた規定は見当たらない。）。そうすると，本件金員が，ポイント交換により付与される本件ポイントの数に応じて決まること等をもって，本件金員が，原告が受任した本件ポイント還元のための実費であり，委任事務処理費用であるということはできない。」

(ウ)　対価中の実費相当部分も消費税の課税標準に含まれる

　「消費税法は，課税資産の譲渡等に係る消費税の課税標準を，課税資産の譲渡等の対価の額，すなわち，対価として収受し，又は収受すべき一切の金銭又は金銭以外の物若しくは権利その他経済的な利益の額と定め（28条1項），対価として収受する金銭等の一切について，これを得るために要した売上原価や費用等の多寡にかかわらず，課税標準に含めていることに鑑みれば」，原告が上述の債務（役務の提供）を履行するために要する実費相当部分についても，消費税の課税標準に含まれることは明らかである。

　概要以上のとおり判示され，控訴人の請求はいずれも棄却された。そこで控訴人は本件控訴を行った。[7]

エ　控訴審の判旨（表題・下線部は作成者）
　(ア)　「対価」の意義
　「……消費税は，事業として対価を得て行われる資産の譲渡及び貸付け並びに役務の提供（資産の譲渡等）を課税対象とし，課税資産の譲渡

CHECK POINT　　7　改行により，視覚的にも文章構造が見えやすくなる。もっとも，無意味なスペースとならないよう，行間は当該文書内の一定のルールに基づいて設ける。ここでは一定の意味のまとまりごとに設けている。

等の対価の額を課税標準として課されるものであり，課税標準額に対する消費税額から当該課税仕入れに係る消費税額を控除することにより，課税の累積を排除する仕組みがとられている。この課税の仕組みは，消費税が消費そのものにではなく消費支出に担税力を求めて課税する，付加価値税の類型に属する多段階一般消費税として規定されていることを反映したものである。このような消費税の性格及び課税の仕組みからすれば，消費税法は，特別の規定がない限り無償取引を消費税の課税対象から除外することとしているものと解されるのであり，同法2条1項8号にいう「対価を得て」とは，資産の譲渡若しくは貸付け又は役務の提供に対して反対給付を受けることをいい，無償による資産の譲渡及び貸付け並びに役務の提供は資産の譲渡等に該当しないと解するのが相当である」（消費税法基本通達5－1－2参照）。

「そして，資産の譲渡若しくは貸付け又は役務の提供の機会に当事者間において金銭の授受がされた場合においても，当該金銭の授受が当該資産の譲渡若しくは貸付け又は役務の提供の反対給付としての性質を有さず，当該資産の譲渡若しくは貸付け又は役務の提供に係る取引それ自体が無償取引に該当するものと認められるときは，法令に特別の規定がない限り，当該金銭の授受は資産の譲渡及び貸付け並びに役務の提供の対価に該当せず，当該資産の譲渡若しくは貸付け又は役務の提供は消費税の課税対象とはならないものと解するのが相当というべきである。」[8]

　8　下線は，それをつなげば，それだけで意味がとれるように引きたい。

(イ)　本件ポイント交換へのあてはめ

　「……企業ポイントはこれを発行する企業によって無償で利用者に付与され，当該企業の企業ポイントプログラムの範囲内で当該企業の経済的負担によりその利用者に対して本件ポイント還元のような財・サービスの提供等が行われるものであり，提携法人の提携ポイント及び控訴人の本件ポイントもこれと異なるところはないと認められるから，提携法人が双方会員に付与した提携ポイントが本件ポイントに交換された場合についても，提携ポイントを付与した目的からすれば，提携ポイントの利用に代わる本件ポイント還元に係る経済的負担は控訴人ではなく当該提携法人が負わなければならないはずである（略）。そうであるところ，上記事実によれば，提携法人がポイント交換において控訴人に支払う本件金員の額は，ポイント還元により控訴人が双方会員に付与した本件ポイントに係る本件ポイント還元額に等しくなるように定められているのであり，しかも，双方会員がポイント交換によらずに控訴人から付与された本件ポイントとポイント交換により付与された本件ポイントとで本件ポイント還元において異なった取扱いはされていないというのである。

　これらの事実からすれば，……本件金員は，控訴人が本件各提携契約に基づいて双方会員に付与した本件ポイントにつき本件ポイント還元を行うための原資としての性格を有するものというべきであって，本件金員に本件ポイント還元に係る原資以外の性格ないし要素を見いだすことはできない。」[9]

　そうであるとすれば，本件各提携契約に基づく提携法人と控訴人との間のポイント交換は無償取引というべきである。

　9　そのまま引用することの方が読み手の理解を助けると思われる箇所は，贅沢に引用する。もっとも，ただ引用するだけでは裁判例を自分で読むことと変わらないため，作成者が重要と考えている箇所を下線で示すことで，意見書としての価値を持たせる。

㈡　被控訴人の反論への言及

ⅰ　一部失効することがあっても原資としての性格は変わらない [10]

　「提携法人と控訴人との間のポイント交換は，本件ポイント還元を目的として，双方会員の意思表示により（略）又は自動的に（略）行われるものであり，ポイント交換後に本件ポイント還元がされることが前提とされているのであって，本件金員のうち失効ポイントに相当する部分が控訴人から提携法人に対して返還されていないというのであれば，ポイント交換後の本件ポイントの失効は本件各提携契約において不正規な事態として位置付けられ，本件金員の額にも織り込まれていないものと合理的に推認されるから，交換後の本件ポイントの失効が半ば不可避的に生じ，本件金員のうち失効ポイントに相当する部分が控訴人の収益となっているとしても，これをもって本件金員の本件ポイント還元に係る原資としての性格が左右されるものではない」。

ⅱ　条件関係のある経済的利益の供与であっても反対給付でなければ無償取引に該当する

　「役務の提供等の機会に収受される経済的利益と当該役務の提供等との間に被控訴人の主張するような条件関係が存するとしても，当該経済的利益が当該役務の提供等の反対給付としての性質を有さず，当該役務の提供等に係る取引それ自体が無償取引に該当する場合には，当該経済的利益の収受は当該役務の提供等の対価には該当せず，当該役務の提供等は消費税の課税対象とはならないものと解すべき」である。

10　理解を助けるため，表題で裁判例がいわんとしていることを示す。

本件高判は以上のとおり判示し本件控訴に基づき原判決を取り消した上，控訴人の本訴請求を全部認容した。これに対し，国側が上告等しなかったため，本件高判はそのまま確定した。

オ　**本件判決の検討**[11]

　㊀　課税取引における「対価」の意義

　　本件高判の述べるとおり，課税取引に「対価」性が要求されるのは，わが国の消費税が，課税資産の譲渡等の対価の額を課税標準として課されるものであり，課税標準額に対する消費税額から当該課税仕入れに係る消費税額を控除することにより，課税の累積を排除する仕組みがとられていることに由来する。対価がなければ課税標準を認識できず，対価がないことで譲渡者・役務提供者の預かり消費税がなくなると同時に，譲受人・役務被提供者の仕入税額控除もとれなくなってしまうことから，多段階でみると最終的に資産や役務に付加された価値に対する消費税額のトータルは維持されることになり不都合はない。むしろ付加された価値がないところに，たとえばみなし譲渡のように移転した資産の時価相当額に対して消費税を課してしまうと，付加価値税の建付けに反してしまうことになってしまう。

　　対価のない取引の譲受人・役務被提供者が最終消費者であっても，付加価値の発生していない取引ゆえ，問題はない。確かに，最終消費者は消費をしているにもかかわらず，消費税を負担しないで済むことになってしまうが，本件高判も指摘するように，消費税は消費そのものではな

　11　結論やそこに至るロジックに賛同するにしても，その理由を示す。

く，消費支出に担税力を認めて課税されるものであるため，支出をしていない消費者に担税力はなく課税の必要はないと解されている（金子宏『租税法』816頁（弘文堂，第24版，2021）など）。

　本件高判は，「対価」を「反対給付」といいかえ，この点を説明している。消費税が消費支出に課税するものであることからすれば，消費（ここでは役務の提供を受けること）に対する支出と評価できるもの，平たくいうと，役務の提供に対して経済的な見返り（利益）を与えることといいかえることもできる。

　このような観点からすれば，もともと負担していた債務分の金員を支払って控訴人に負担してもらっているわけであるから，金員支給者は全く損をしておらず経済的な見返りを与えたとはいえない。また，金員受給者である控訴人も，支払ってもらった金員で新しく負担する債務を履行するのであるから経済的な見返りを得たといえない。もちろん，[12] このようなポイントの交換によって，お互いにさらなる顧客の囲いこみや販売促進等の効果を享受できることになるが，このような効果はお互いに生じているもので，このような効果を経済的な利益として算定することは技術的に困難である。少なくとも控訴人が新しく負うポイント還元の負担に対する原資ということで支払う金員が，このような効果の金銭的評価と同じであるということはできない。消費支出に着目し，「対価として収受し，又は収受すべき一切の金銭又は金銭以外の物若しくは権利その他経済的な利益の額」（消費税法28条1項）を課税標準としていることからしても，そのような効果は課税取引か否かを考える上では対

CHECK POINT　**12**　予想される反対の立場からの反論にもあらかじめ再反論しておくことで論証に厚みを持たせる。

象外というべきである。

　ポイント交換に応じるという役務の提供を契機に本件金員が支給されており，これまでの裁判例がいうような条件関係を十分に満たしていたとしても，そこに対価関係，反対給付関係，経済的な見返りの付与といえる関係がないのであれば，消費税法の構造上，「対価」性を認めることはできないとする本件高判の結論は支持できる。

(イ)　結果的には実費負担といえない部分の考え方[13]

　交換された本件ポイントの中には最終的には失効しているポイントも現実にはありえ，これについて提携法人に返還されるといったようなこともなかったことから，原審では本件金員は本件ポイント還元のための実費ではないと評価されている。これに対し，本件高判は，本件ポイント交換の目的，交換の自動性，前提からすれば，ポイント交換後の本件ポイントの失効は本件各提携契約において不正規な事態として位置付けられ，本件金員の額にも織り込まれていないものと合理的に推認されるから，これをもって本件金員の本件ポイント還元に係る原資としての性格が左右されるものではないと判示している。

　この判示部分の理解は容易ではないが，支給された金員の「性格」，提供される役務との対価性を考える上では，原資に充てる趣旨・目的で支給されている金員であると，支払いの根拠となっている当事者間の契約関係，本件金員の額の決定プロセスから性格付けできれば十分で，実

13　自説の弱い部分にも正面から向き合う。

際に支給された金員のすべてが原資に使用されている必要まではないと考えているものと思われる。

　かかる結論は課税徴収上の観点からも是認できるものである。原資に実際には充てられていない失効部分だけを取り出して，事後的な修正申告を要求するのは，現実的ではない。消費税については，簡易課税制度等の存在からもわかるように徴収にあたっての納税者の負担との兼ね合いの中で立法，解釈されていかなければならない。原資に充てられなかった部分は無視されるわけでなく，雑収入に計上し法人税課税の対象に取り込む処理がなされていることから，課税行政全体から見ればある程度考慮できているといえる。

⑶　ご相談事例へのあてはめ

　上記裁判例によれば，資産の譲渡若しくは貸付け又は役務の提供の機会に当事者間において金銭の授受がされた場合において当該金銭の授受が課税取引（有償取引）といえるかどうかは，<u>当該金銭の授受が当該資産の譲渡若しくは貸付け又は役務の提供の反対給付としての性質を有するかどうか</u>で判断されることになる。本件にこれをあてはめて考えると，金銭の授受にあたり何らかの役務提供があったと説明できるか，単なる資金の移動ではなく反対給付といえるか，が問題となる。[14]

ア　受けている役務内容を説明できるか

　ご相談事例で金銭の授受にあたり受けている役務提供内容としては，ポ

14　複雑化を防ぎ，わかりやすくするためにも，視点は多くても三つ程度にとどめた方がよい。ここでは二つに絞っている。重要なものはたいてい二つから三つの中におさまっているものである。

イント制度を利用できるようになるといったものが考えられるが，その内容だけでは上記裁判例からすれば不十分である。課税取引といえる程度の役務提供があったといえるためには，それ以外の何らかの説明が必要だがこれが特段ないとすれば，この点は充たしていないということになる。[15]

イ　単なる資金の移動ではないといえるか

　また，ご相談事例では支払金員がポイント相当額に一致しており，算定の対象となる役務提供内容も特定できないとなると，単なる資金の移動ではないとの反論はおよそ困難である。そうすると，かかる観点からも課税取引とはいえないということになる。

(4)　結　論

　以上からすれば，本件金員の支払いは不課税取引と扱われる可能性が高い。

2　ご相談事項2について

　現状のままでは不課税取引である可能性が高いとして，本件金員の支払いを課税取引と扱うには，受けている役務の内容を説明でき，単なる資金の移動ではないとの評価を得られるように契約条件等を変更する必要がある。

(1)　受けている役務内容の具体化

　ポイント制度が利用できるようになること以外の具体的な役務の提供を

15　実用性の高い税務意見書を作成するためにも，実際の事業，取引の内容や業界に関する事項については依頼者にヒアリングする必要がある。法務，税務の専門家といえども，事業内容にも精通していることは稀なのであるから，知らなくても恥ずかしいことではない。

受けていることを説明できるようになることがまずもって必要となる。そのためには，加盟店であることに伴い受けている便益，たとえば顧客に向けた広告宣伝，優遇，割引，サービス等をリストアップした上で，規約等に明文化することが求められる。役務提供内容は，一般に有償取引と認識されているものとすることが望ましい。また，それぞれの役務提供内容に対して適切な対価を算定し，その支払いを当事者間で合意する必要がある。

⑵　単なる資金の移動でないことを示す

　単なる資金の移動でないことを示すためにも，上記の役務提供内容の具体化とそれに対する相当対価の算定は不可欠となる。疎明資料として算定根拠が示せる資料を作成しておきたい。[16] かかる金額にポイント相当額を加算した金額を当事者間の合意金額のベースにできれば，当局に対する説得的な説明も可能になるものと思われる。

＊1　ポイントとは，企業が顧客の囲いこみや販売促進等のために販売促進費や広告宣伝費を負担して発行し，利用者から対価を受け取ることなく無償で利用者に付与するものをいう。その法的性質は，ポイント発行企業と当該ポイントの付与を受ける利用者との間の合意内容（企業ポイントプログラム）によって定まることになる。一定の条件下では，当該ポイントを利用して財・サービスの提供等の経済的利益を受ける財産的価値を有するものと解されている（「マイナポイントの課税関係」『国税庁ホームページ』タックスアンサーNo.1490 https://www.nta.go.jp/taxes/shiraberu/taxanswer/shotoku/1490qa.htm（閲覧日2023/05/19）参照）。複数の企業で共通ポイントとして発行されることもある。利用方法としては，販売代金等に充てる，電子マネーや商品券等と交換

16　とるべきアクションが具体的にわかるように記載する。

する，他の企業が発行するポイントと交換する，といったものがあり，還元方法は多様化してきている。

*2　消費税法2条1項8号

　資産の譲渡等　事業として対価を得て行われる資産の譲渡及び貸付け並びに役務の提供（代物弁済による資産の譲渡その他対価を得て行われる資産の譲渡若しくは貸付け又は役務の提供に類する行為として政令で定めるものを含む。）をいう。

　なお，仮に対価を得て行われない取引であったとしても，消費税法は，対価を得て行われる上記条文の行為に類する行為であれば課税取引として扱っているが（上記条項号括弧書き），本件のようないわば負担付きの役務提供行為は，対応する政令では挙げられていない（消費税法施行令2条1項）。また，個人事業主による事業資産の自家消費や法人資産の役員への譲渡であれば，際限のない仕入税額控除が許されてしまうことを防ぐため対価がなくともいわゆるみなし譲渡として課税取引に該当するとされているが（消費税法4条5項），本件のような役務の提供についてはみなし譲渡の対象とはされていない。

以上

【ポイント】

　上記は意見書例である。1，2やア，イなどとナンバリングしてタイトルをつけると論理構造が見えやすくなる。論点を正面から取り上げた裁判例があるため，やや詳しめに分析している。実務対応が待ったなしで求められている依頼者向けの意見書であるから，結論のみならず，今後とるべき方向性の提案まで行いたい。

四

法律家の思考
～税法実務家のあるべき姿～

これまで本書では，法律文書の書き方のイロハに始まり，税務意見書の書き方，いくつかのトレーニング用の設例，具体的なサンプルなどを紹介してきた。最後に，やや抽象的であるが，税法実務家のあるべき姿について若干述べたいと思う。

1 「考える」とはどういうことか

税務意見書の価値は，核となるロジックの構築にあり，そのためにはひたすら考える必要があることを強調してきた。それでは，「考える」とは具体的にはどのような作業をいうのであろうか。以下，順に述べていく。

(1) 具体的な事実を解明する

まずは，曖昧な事実を掘り下げる，事実を確認する，根拠を吟味することである。「そもそも事実が誤りではないか」「憶測にすぎないのではないか」「判断に必要な事実が不足しているのではないか」と思考をめぐらすことである。情報については，コストがかかってもこれを入手する姿勢が必要である。世の中は危険で複雑で多様である。慎重すぎるぐらいでちょうどよい。

(2) 具体的で個別的な対策をつくり出す

次に必要な「考える」作業は，解明された事実を前提に，具体的で個別的な対策をつくり出すことである。類型的・一般的な対策では考えたとはいえない。具体的手順をリストアップする必要がある。まずは目前の小さ

な問題を解決し，その積み重ねで大きな問題を解決することになる。対策としては，リスクの高いものから低いものまで複数の選択肢を提案するとよい。それぞれの効果を予測し，リスクの高低を告げることで，あとは依頼者が費用対効果で最終決断を下すことになる。

　選択肢を考える際に重要なのは，法律解釈の問題と現実の紛争処理は別物であるという視点である。必ず紛争化させ裁判にまで持ち込み法律解釈の決着をつけることが目的なわけではなく，裁判にかかる労力・コスト等からすれば一般に裁判は好まれないし，訴訟費用を捻出できないこともある。依頼者の置かれている個別的な状況を考慮し，具体的な条件・手順を提示することが肝要である。他人を一緒になって責める，自分を責める，運命を呪うといったことは解決に資さない。現実を受け止め，現状とりうる選択肢を考えることに集中することである。

(3)　選択肢の考え方

　選択肢は，組織的・体系的に発想する，できることの限界を知ることから始めると出てきやすい。まずは，極端な選択肢から現実的な選択肢まで網羅的に数多く考え出すことである。自然に頭に浮かんだものだけでなく，上下左右前後のあらゆる角度から考える必要がある。

　次に優先順位をつける。その際，気をつけてほしいのが，初めの案に惚れ込まない，一つに絞らないということである。原則として，複数の選択肢を合わせ技として併行して実行するのがよい。多くのものに当たってよいものを見つけるといったやり方で問題はない。また，失敗を恐れる必要はない。失敗の原因を考えて後に役立てれば済む話である。

⑷　事案に即した解決を自分の頭で考える

　紛争処理において判例・学説はあくまで一応の参考にすぎない。事案に即した解決は自分の頭で考えるほかない。もっとも，他人の意見や判例・学説を理解することは比較的簡単だが，自分の考えを持つことは難しい。弁護士や税理士はそこでの判断力を売る仕事だと割り切って，考えるほかない。考え抜くには，理解できないことは理解できるまで追究する，物事を曖昧なまま残さないといった姿勢が大事になってくる。関連する事実と証拠を確認し，自分の判断の根拠を吟味することである。

　世の中の情報は，ほとんどが伝聞情報か噂，言い分である。物証で確認した事実のみを確かな事実として取り扱い，伝聞情報は未確認情報として処理すべきである。また，世の中は実質的な根拠がなく「～が賛成している」「～もそうしている」「昔からそうだった」というものが多い。他人がどう言おうと，確かな根拠がない限り，確信しないこと，誰が言ったかより何を言ったかに着目することである。根拠を具体的に箇条書きにしてみると，ほとんどまともな根拠になっていないことがしばしばある。

⑸　解明している事実が不十分なとき

　実際の紛争処理では，時間が限られ，解明している事実が不十分なときが多い。そのようなときには，足りない部分を思い込みで適当に補いがちである。事実が不十分と知った上で対処することが重要である。また，その方が再修正も早くできることが多い。

| 2 | 反対意見を聞き少数意見に学ぶ |

　問題によく対処するには，反対意見を聞き，少数意見に学ぶことである。

(1)　事実と異なり意見は主観的

　人は物事を自分の見たいように見ている。物事の判断基準もその人の性格・育ち・教育・家族環境等に影響される。同じ人でも年齢とともに変わってくる。裁判所の判断も「正しい」わけではない。法制度として「正しいものとして取り扱う」だけにすぎない。そうでなければ社会が成り立たないからである。

　多数意見はあっても「正しい意見」はない。正確には，「正しい意見」ではなく「自分の考えに合っている意見」としてとらえるべきであろう。

(2)　事実と意見を峻別する

　事実と意見を峻別しない人はデマに惑わされやすい。自分の意見に自信のある人は，他人の意見に耳を傾けられるものである。自分の意見に自信のない人ほど他人を非難したり自分が正しいと叫んだりする。特に，人間関係がからむ問題には正解はないといってよく，対応の仕方は人それぞれである。正しいかどうかではなく，上手に適応できるかどうかだけの問題である。

(3)　自分と違う意見との共存

　自分と異なる意見を持たれると，人格・自尊心が傷つけられたと感じ，感情的に反発しがちである。自分と違った存在を認めるのは難しい。とはいえ，他人の意見を変えることはできない。紛争を平和的に解決するには，共存していくほかない。じっと我慢し聞く耳を持つ，情報収集の一環として聞くことが大事である。批判に耳を貸すと思索も深まる。思索は忍耐といわれたりもする。不快な意見に耳を傾けることが自分のメリットにもなるという意識を持って，時には自分の意見を変える心構えも持ちたいところである。

　弁護士や税理士は，相手の意見を聞く，都合の悪い情報も集める度量がないと交渉・裁判での相手の出方が読みにくくなり，事前準備ができなくなり，不意打ちを受けることも出てくる。相手の立場を理解しないと，よりよい解決策もつくりにくい。自分と違う見解を知った上で，自説を貫くことが重要である。

(4)　少数意見は健全な組織の維持に有用

　日本では，横並び意識が強く，異端は嫌われやすい。反対者や少数派は目障りで不快な存在として扱われやすい。残念ながら，反対意見・少数意見が有益だという認識が欠けている。

　時代の風潮や偏見と闘ったのは常に少数者であって，後々社会に貴重な果実をもたらすのも，少数者であった。少数者は多数の暴走を止めるなど健全な組織の維持に極めて有用である。

⑸　他人への共感力

　人の痛みがわからないと判断を誤ることが多い。問題解決に必要な限度で他人の立場に共感する能力は必須であり，長期的に見れば物事をよく処理できる。交渉者・リーダーの資質といってもよい。これがないと紛争は泥沼化し，リーダーは独善的になりがちである。

　数百人の部下を動かし安定経営を長期間続ける中小企業の社長さんは，底知れない人間力を持っていることがほとんどである。

　もっとも，他人の痛みを自分の痛み，他人の喜びを自分の喜びとして感じる能力までは不要である。むしろ相手に寛容になりすぎる弱みになりうる。

3 | 紛争処理の心得

(1) 話し合いの窓口を閉じさせない

　紛争処理で暴力による解決はできない。相手との最後のパイプ（人間関係）は維持することが重要である。また，強硬手段は相手の出方を見て慎重に行う必要がある。強硬手段をとると，相手方はこちらを上回る強硬策をとりがちである。利害に直結すると感情的になるものであるから気をつけたい。交渉の目的・最終ゴールを考え，相手の状況を見て，低姿勢から高姿勢の順で，臨機応変に打つ手を変えることになる。

(2) 事案の見通しのつけ方

　まずは，関連情報を収集し，有利な点と不利な点を分析する（情報収集）。有利な情報だけでなく不利な情報も集めることである。

　次に，事案の全体像をつかむ（構造把握）。勝てばどのような利益が，負ければどういう損失が出るかといったところを把握する。事案の構造を把握すると，関係者にも心理的な落ち着きが出てくるものである。

　最後に対策を考え，落としどころを見極める（対策立案）ことになる。多数の選択肢を発想し，泥沼化しないように配慮しなければならない。選択肢として低姿勢でいくか高姿勢でいくかを考えることになる。今ここで妥協しなければ向こう3か月がどうなるかを考えるとよい。その上で，紛争解決で得られる利益とコストを比較して最終的な判断がなされることになる。

⑶　感情は脇に置く

　感情は脇に置き，こちらの目的を達するために最も有効で，時間と費用のかからない手段をとるべきである。紛争処理は感情を排して冷静に行った方が双方とも無駄なコストを節約できる。特に代理人は感情を抑えるべきである。相手の屁理屈・傍若無人な言動は，怒りの感情を生み，悩みの種となるが，相手は全く気にしていないことがほとんどである。惑わされ睡眠・生活の質を落とされるのは無駄でしかない。

⑷　相手方・裁判官の立場にも立ち，落としどころを考える

　依頼者のために闘うが，当局や審判官・裁判官の視点からも事実を見ることである。高所から事案全体を見渡し，自分を含む全体を見通す。そうすると，「局所最善」が「全体最悪」となることがよくある。たとえば，勤務不良の部下に温情的な処分をすることでモラルが低下する，リストラをためらい経営不振に陥るといったことがある。依頼者の強みのみならず弱みも検討し，事案の性質を踏まえ，将来の落としどころを考えた上で戦術を考えるべきである。

おわりに

　弁護士，税理士といった法律家は，法律，税法に関する高度な専門的技術を持って，社会で起こるさまざまな問題，税務上の問題を，法律，税法という武器を使って解決できる職種である。日々その技術を磨き続けなければならない。

　本書で述べたような税務意見書作成の技術もそうである。できた気にならない，惰性でやらない，何年経ってもどんどん成長していこうという気持ちを持ち続ける，周りで輝いている人の影響を受ける，よいところを盗むといった姿勢が必要である。それによって最終的に依頼者に喜んでもらえれば，弁護士・税理士冥利に尽きるというものである。

【著者紹介】

西中間　浩（にしなかま　ひろし）

弁護士
主な取扱分野は，国内外の税務，企業法務，事業承継，相続

〈略歴〉
1997年　東京大学卒業
2006年　東京大学法科大学院修了
1997年〜2001年　外務省
2017年〜2022年　青山学院大学法学部非常勤講師（法学ライティング）

〈主要著書〉
『新・実務家のための税務相談（民法編）』『新・実務家のための税務相談（会社法編）』（共著，有斐閣），『債権法改正と税務実務への影響』（税務研究会出版局），『使う？使わない？新・事業承継税制の活用法と落とし穴　平成30年度税制改正』（共著，新日本法規出版），『日本一やさしい税法と税金の教科書』（日本実業出版社），『税務調査をみすえたエビデンスの作り方・残し方』（税務経理協会）

税務意見書の書き方
税務調査に向けた法学ライティング

2023年8月10日　第1版第1刷発行

著　者　西　中　間　　　浩
発行者　山　本　　　　　継
発行所　㈱中　央　経　済　社
発売元　㈱中央経済グループ
　　　　パ ブ リ ッ シ ン グ

〒101-0051　東京都千代田区神田神保町1-35
電話　03（3293）3371（編集代表）
　　　03（3293）3381（営業代表）
https://www.chuokeizai.co.jp
印刷／三英グラフィック・アーツ㈱
製本／㈲井上製本所

© 2023
Printed in Japan

＊頁の「欠落」や「順序違い」などがありましたらお取り替えいたしますので発売元までご送付ください。（送料小社負担）
ISBN978-4-502-46781-3　C3034